해법 기초계산 E3

1 4주 완성의 계획적인 수학 학습!

2 시간 내 푸는 연습을 통한 실전 감각 향상!

3 다양한 구성의 문제로 사고력 향상!

계산력이 왜 중요한가?

선생님! 계산력이 왜 중요한가요?

수학 만점으로 가는 길은 계산력에서
시작한단다. 왜 중요한지 수학의 아버지
피타고라스 선생님에게 물어볼까?

계산력은 수학의 뿌리!
계산력 없이 수학은 생각할 수 없지.
수학은 계통성의 학문이라고 해.
역연산으로 인해 덧셈이 뺄셈의 기초가 되고,
곱셈이 확립되어야
나눗셈이 가능해지기 때문이지.
따라서 수학의 근간인 기초 계산력을
완벽하게 다져 주는 것이야말로
수학 만점으로 가는 첫걸음이지.

구성과 특징

개념 만화

만화를 통한 원리 깨치기

만화를 통한 계산 원리와 개념을
이해할 수 있습니다.

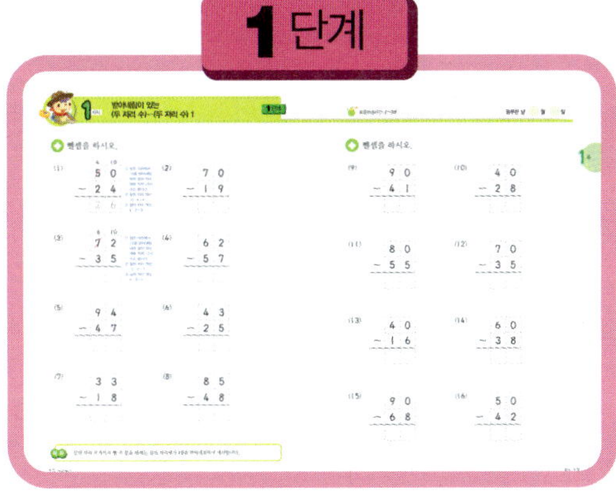

1단계

집중 연습으로 계산력 다지기

집중 연습 문제로 기초 계산력을
완벽하게 다질 수 있습니다.

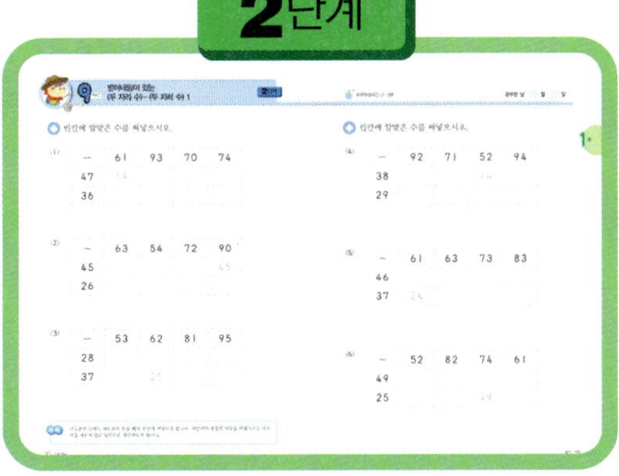

2단계

퍼즐형 문제로 정확성 기르기

흥미로운 퍼즐형 문제로 이루어져
집중력과 정확성까지 기를 수 있습니다.

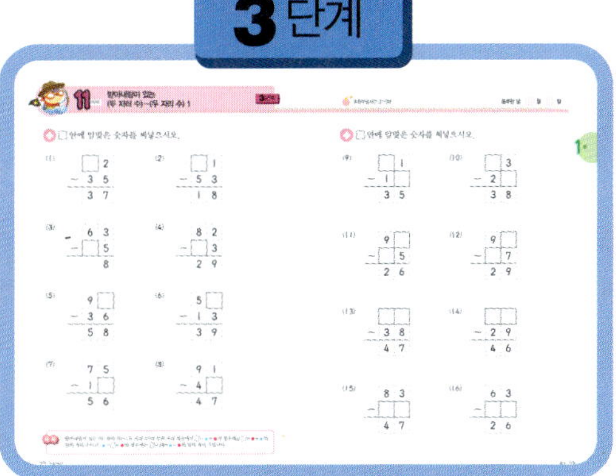

3단계

다양한 문제로 사고력 키우기

다양한 문제를 통해 수학적 사고력과
문제 해결력을 높일 수 있습니다.

내용 구성표

권	주	A단계 (5~7세)	B단계 (5~7세)	C단계 (5~7세)
1권	1	일대일 대응, 많다 · 적다	더하기 3 : (1~7)+3	빼기 5 : (1~20)-5
	2	1~5 수 익히기	더하기 3 : (1~17)+3	빼기 6 : (1~20)-6
	3	1~5 수 익히기	더하기 3 : (1~27)+3	빼기 4, 5, 6의 종합
	4	0, 6~10 수 익히기	더하기 1, 2, 3의 종합	더하기 · 빼기의 종합 ①
2권	1	0, 6~10 수 익히기	빼기 1 : (1~10)-1	더하기 · 빼기의 종합 ②
	2	1~10 종합	빼기 1 : (1~20)-1	더하기 7 : (1~9)+7
	3	수 가르기와 수 모으기(1, 2, 3, 4, 5)	빼기 2 : (1~10)-2	더하기 7 : (1~19)+7
	4	수 가르기와 수 모으기(6, 7, 8, 9, 10)	빼기 2 : (1~20)-2	더하기 7 : (1~23)+7
3권	1	11~20 수 익히기	빼기 3 : (1~10)-3	더하기 8 : (1~9)+8
	2	11~20 수 익히기	빼기 3 : (1~20)-3	더하기 8 : (1~22)+8
	3	1~20 종합	빼기 1, 2, 3의 종합	더하기 9 : (1~9)+9
	4	21~30 수 익히기	더하기 · 빼기의 관계 ①	더하기 9 : (1~21)+9
4권	1	31~40 수 익히기	더하기 · 빼기의 관계 ②	더하기 10 : (1~20)+10
	2	41~50 수 익히기	더하기 4 : (1~6)+4	더하기 7, 8, 9, 10의 종합
	3	1~50 종합	더하기 4 : (1~16)+4	더하기 1~10의 종합
	4	51~70 수 익히기	더하기 4 : (1~26)+4	빼기 7 : (1~20)-7
5권	1	71~100 수 익히기	더하기 5 : (1~9)+5	빼기 8 : (1~20)-8
	2	1~100 종합	더하기 5 : (1~15)+5	빼기 9 : (1~20)-9
	3	더하기 1 : (1~9)+1	더하기 5 : (1~25)+5	빼기 10 : (1~20)-10
	4	더하기 1 : (1~19)+1	더하기 6 : (1~9)+6	빼기 7, 8, 9, 10의 종합
6권	1	더하기 1 : (1~29)+1	더하기 6 : (1~14)+6	빼기 1~10의 종합
	2	더하기 2 : (1~8)+2	더하기 6 : (1~24)+6	더하기 · 빼기의 종합 ③
	3	더하기 2 : (1~18)+2	더하기 4, 5, 6의 종합	더하기 · 빼기의 종합 ④
	4	더하기 2 : (1~28)+2	빼기 4 : (1~20)-4	재미있는 더하기 · 빼기의 규칙

권	주	D단계 (초1)	E단계 (초2)	F단계 (초3)	G단계 (초4)
1권	1	더하기 1, 2, 3	받아올림이 있는 (두 자리 수)+(한 자리 수)	(세 자리 수)+(세 자리 수) ①	100, 1000, 10000, 몇백, 몇천 곱하기
	2	합이 5까지인 덧셈	받아내림이 있는 (두 자리 수)−(한 자리 수)	(세 자리 수)+(세 자리 수) ②	(세 자리 수)×(두 자리 수)
	3	합이 9까지인 덧셈	세 수의 덧셈	(세 자리 수)−(세 자리 수) ①	(네 자리 수)×(두 자리 수)
	4	받아올림이 없는 (한 자리 수)+(한 자리 수)	세 수의 뺄셈	(세 자리 수)−(세 자리 수) ②	(세 자리 수)×(세 자리 수)
2권	1	빼기 1, 2, 3	일의 자리에서 받아올림이 있는 (두 자리 수)+(두 자리 수)	2, 3, 4, 5의 단 곱셈구구를 이용한 나눗셈	(세 자리 수)÷(한 자리 수)
	2	5까지의 뺄셈	십의 자리에서 받아올림이 있는 (두 자리 수)+(두 자리 수)	6, 7, 8, 9의 단 곱셈구구를 이용한 나눗셈	(두·세 자리 수)÷(몇십)
	3	9까지의 뺄셈	일, 십의 자리에서 받아올림이 있는 (두 자리 수)+(두 자리 수)	곱셈구구를 이용한 나눗셈 ①	(두·세 자리 수)÷(두 자리 수)
	4	(한 자리 수)−(한 자리 수)	받아올림이 있는 (두 자리 수)+(두 자리 수)	곱셈구구를 이용한 나눗셈 ②	(세·네 자리 수)÷(두 자리 수)
3권	1	10이 되는 더하기	받아내림이 있는 (두 자리 수)−(두 자리 수) ①	(두 자리 수)×(한 자리 수) ①	덧셈과 뺄셈의 혼합 계산
	2	10에서 빼기	받아내림이 있는 (두 자리 수)−(두 자리 수) ②	(두 자리 수)×(한 자리 수) ②	곱셈과 나눗셈의 혼합 계산
	3	세 수의 계산 ①	세 수의 계산 ①	(두 자리 수)×(한 자리 수) ③	혼합 계산 1
	4	세 수의 계산 ②	세 수의 계산 ②	(두 자리 수)×(한 자리 수) ④	혼합 계산 2
4권	1	받아올림이 없는 (두 자리 수)+(한 자리 수)	2, 3, 4, 5의 단 곱셈구구	(네 자리 수)+(세 자리 수)	분수의 이해 1
	2	받아올림이 없는 (두 자리 수)+(두 자리 수)	6, 7, 8, 9의 단 곱셈구구	(네 자리 수)+(네 자리 수)	분수의 이해 2
	3	받아내림이 없는 (두 자리 수)−(한 자리 수)	곱셈구구 ①	(네 자리 수)−(세 자리 수)	분수의 이해 3
	4	받아내림이 없는 (두 자리 수)−(두 자리 수)	곱셈구구 ②	(네 자리 수)−(네 자리 수)	분수의 덧셈
5권	1	두 수의 합이 10이 되는 세 수의 덧셈	받아올림이 없는 (세 자리 수)+(세 자리 수)	(세 자리 수)×(한 자리 수)	분수의 덧셈
	2	(한 자리 수)+(한 자리 수) ①	일의 자리에서 받아올림이 있는 (세 자리 수)+(세 자리 수)	(한 자리 수)×(두 자리 수)	분수의 뺄셈 1
	3	(한 자리 수)+(한 자리 수) ②	십의 자리에서 받아올림이 있는 (세 자리 수)+(세 자리 수)	(두 자리 수)×(두 자리 수) ①	분수의 뺄셈 2
	4	(한 자리 수)+(한 자리 수)의 종합	일, 십의 자리에서 받아올림이 있는 (세 자리 수)+(세 자리 수)	(두 자리 수)×(두 자리 수) ②	세 분수의 덧셈과 뺄셈
6권	1	(십 몇)−(한 자리 수) ①	받아내림이 없는 (세 자리 수)−(세 자리 수)	(두 자리 수)÷(한 자리 수) ①	소수 한 자리 수의 덧셈
	2	(십 몇)−(한 자리 수) ②	십의 자리에서 받아내림이 있는 (세 자리 수)−(세 자리 수)	(두 자리 수)÷(한 자리 수) ②	소수 두·세 자리 수의 덧셈
	3	세 수의 덧셈	백의 자리에서 받아내림이 있는 (세 자리 수)−(세 자리 수)	(두 자리 수)÷(한 자리 수) ③	소수 한 자리 수의 뺄셈
	4	세 수의 뺄셈	십, 백의 자리에서 받아내림이 있는 (세 자리 수)−(세 자리 수)	(두 자리 수)÷(한 자리 수) ④	소수 두·세 자리 수의 뺄셈

Q & A 활용 가이드

Q 아이 수준을 몰라서 어느 단계의 교재를 선택하면 될지 모르겠어요.

A 한 페이지에서 틀린 문제가 6문제 이상이면 이전 단계의 교재부터 시작하세요.

Q 계산 실수를 자주 해요.

A 정해진 시간 안에 푸는 연습으로 실전 감각을 키우세요.

Q 시험 시간이 부족해요.

A 매일매일 공부하는 습관으로 정확성을 키우세요.

Q 공부 계획을 스스로 세우기 힘들어요.

A 스케줄표를 이용해 계획을 세워 2주, 4주 완성에 도전하세요.

4주 완성 스케줄표

1주	1일	2일	3일	4일	5일	6일
확인	12~15쪽	16~19쪽	20~23쪽	24~27쪽	28~31쪽	32~35쪽
2주	7일	8일	9일	10일	11일	12일
확인	40~43쪽	44~47쪽	48~51쪽	52~55쪽	56~59쪽	60~63쪽
3주	13일	14일	15일	16일	17일	18일
확인	68~71쪽	72~75쪽	76~79쪽	80~83쪽	84~87쪽	88~91쪽
4주	19일	20일	21일	22일	23일	24일
확인	96~99쪽	100~103쪽	104~107쪽	108~111쪽	112~115쪽	116~119쪽

※ 매일 4장(4차시)씩 풀면 12일 만에 완성할 수 있습니다.

 **1주**

받아내림이 있는 (두 자리 수)—(두 자리 수) 1

매일 학습이 끝나면 채점을 하고 체크표를 작성하여 나의 실력을 알아보세요.

차시	단계	공부한 날	잘 했나요?
1차시	1단계	월 일	😊 🙂 😑 😣
2차시		월 일	😊 🙂 😑 😣
3차시		월 일	😊 🙂 😑 😣
4차시		월 일	😊 🙂 😑 😣
5차시		월 일	😊 🙂 😑 😣
6차시		월 일	😊 🙂 😑 😣
7차시		월 일	😊 🙂 😑 😣
8차시		월 일	😊 🙂 😑 😣
9차시	2단계	월 일	😊 🙂 😑 😣
10차시		월 일	😊 🙂 😑 😣
11차시	3단계	월 일	😊 🙂 😑 😣
12차시		월 일	😊 🙂 😑 😣

0~1 개이면 😊 (아주 잘함)에, 2~3 개이면 🙂 (잘함)에,

4~5 개이면 😑 (보통)에, 6 개 이상이면 😣 (노력 바람)에 색칠해 주세요.

학습목표 받아내림이 있는 (두 자리 수)−(두 자리 수)의 계산을 여러 가지 방법으로 해결하고 뺄셈의 기초를 다집니다.

1주

세로셈으로 한 번 계산해 볼까?

42 ➖ 17

일의 자리 2에서 7을 뺄 수 없으므로 십의 자리에서 10을 받아내림하면 돼.

십의 자리는 받아내림했으니까 1이 줄게 되지!

4 2
− 1 7

10
4 2
− 1 7
    5

4 2
− 1 7
2 5

이렇게 일의 자리끼리 뺄 수 없으면 십의 자리에서 받아내림하면 돼.

십의 자리는 일의 자리로 받아내림해서 숫자가 1 작아지니까 3−2란 말이지~

33−15

3 3
− 1 5

3 3
− 1 5
    8

3 3
− 1 5
1 8

이건 내가 모은 구슬이야.
와~ 몇 개야?
와아

53개가 있어.

나도 구슬 28개가 있으면 좋겠어.

1주

그럼 내가 구슬 28개를 줄게.
정말?
와아ー.

나에게 28개를 주면 넌 몇 개가 남을까?
글쎄?
흠

세어 보면 되지~

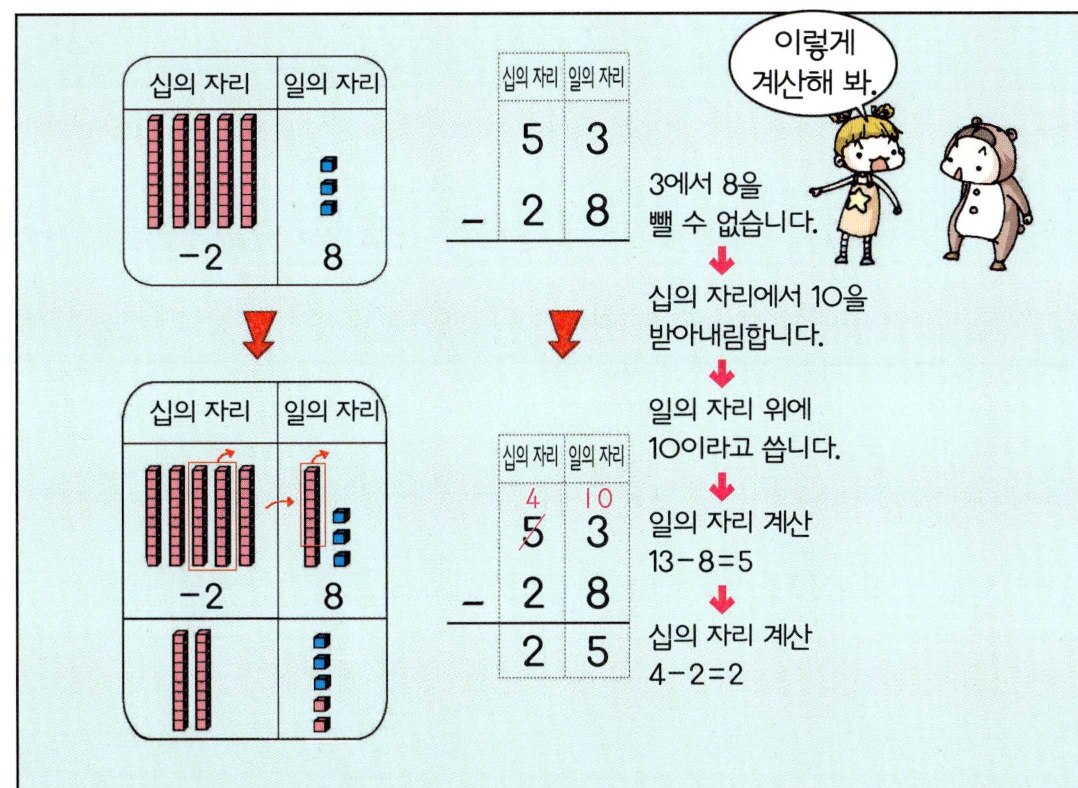
이렇게 계산해 봐.

십의 자리   일의 자리

십의 자리   일의 자리
    5   3
 - 2   8

3에서 8을 뺄 수 없습니다.

십의 자리에서 10을 받아내림합니다.

일의 자리 위에 10이라고 씁니다.

일의 자리 계산
13-8=5

십의 자리 계산
4-2=2

십의 자리   일의 자리
    4   10
    5   3
 - 2   8
    2   5

십의 자리   일의 자리
    -2   8

✚ 뺄셈을 하시오.

(1)
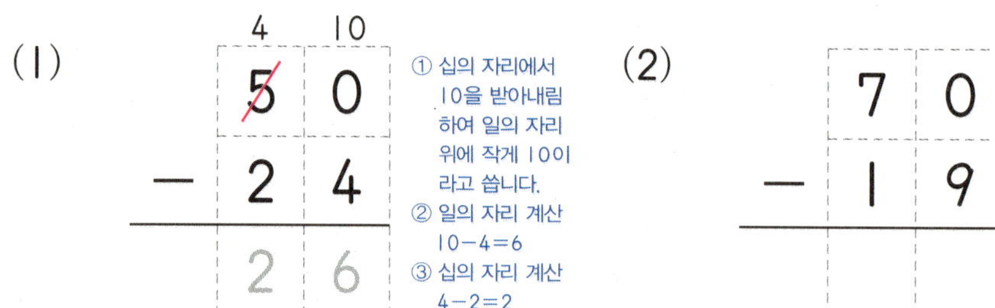

(2)

$$\begin{array}{r} 7\ 0 \\ -\ 1\ 9 \\ \hline \end{array}$$

(3)
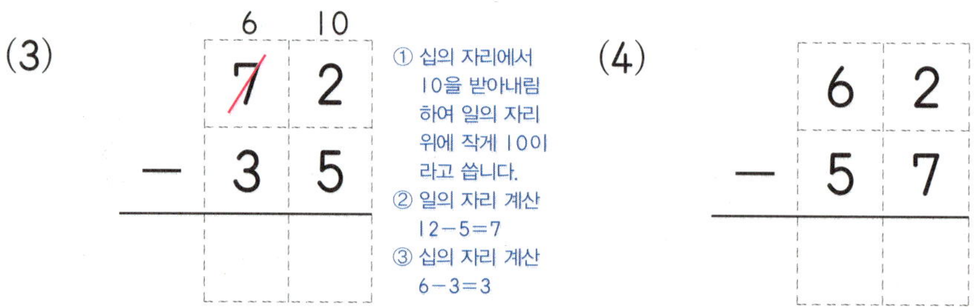

(4)

$$\begin{array}{r} 6\ 2 \\ -\ 5\ 7 \\ \hline \end{array}$$

(5)

$$\begin{array}{r} 9\ 4 \\ -\ 4\ 7 \\ \hline \end{array}$$

(6)

$$\begin{array}{r} 4\ 3 \\ -\ 2\ 5 \\ \hline \end{array}$$

(7)

$$\begin{array}{r} 3\ 3 \\ -\ 1\ 8 \\ \hline \end{array}$$

(8)

$$\begin{array}{r} 8\ 5 \\ -\ 4\ 8 \\ \hline \end{array}$$

꼭꼭　일의 자리 숫자끼리 뺄 수 없을 때에는 십의 자리에서 10을 받아내림하여 계산합니다.

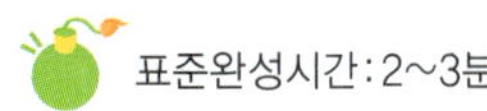 뺄셈을 하시오.

(9)

$$\begin{array}{r} 9\ 0 \\ -\ 4\ 1 \\ \hline \end{array}$$

(10)

$$\begin{array}{r} 4\ 0 \\ -\ 2\ 8 \\ \hline \end{array}$$

(11)

$$\begin{array}{r} 8\ 0 \\ -\ 5\ 5 \\ \hline \end{array}$$

(12)

$$\begin{array}{r} 7\ 0 \\ -\ 3\ 5 \\ \hline \end{array}$$

(13)

$$\begin{array}{r} 4\ 0 \\ -\ 1\ 6 \\ \hline \end{array}$$

(14)

$$\begin{array}{r} 6\ 0 \\ -\ 3\ 8 \\ \hline \end{array}$$

(15)

$$\begin{array}{r} 9\ 0 \\ -\ 6\ 8 \\ \hline \end{array}$$

(16)

$$\begin{array}{r} 5\ 0 \\ -\ 4\ 2 \\ \hline \end{array}$$

 뺄셈을 하시오.

(1)
```
  7 1
-　4 3
-------
```

(2)
```
  6 2
-　3 8
-------
```

(3)
```
  8 3
-　5 4
-------
```

(4)
```
  3 4
-　1 9
-------
```

(5)
```
  7 1
-　6 4
-------
```

(6)
```
  9 2
-　5 9
-------
```

(7)
```
  3 4
-　2 6
-------
```

(8)
```
  6 5
-　4 6
-------
```

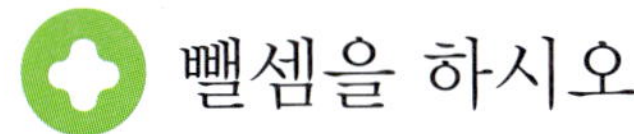 뺄셈을 하시오.

(9)
$$\begin{array}{r} 5\ 2 \\ -\ 3\ 5 \\ \hline \end{array}$$

(10)
$$\begin{array}{r} 8\ 2 \\ -\ 3\ 3 \\ \hline \end{array}$$

(11)
$$\begin{array}{r} 6\ 4 \\ -\ 2\ 7 \\ \hline \end{array}$$

(12)
$$\begin{array}{r} 5\ 1 \\ -\ 3\ 9 \\ \hline \end{array}$$

(13)
$$\begin{array}{r} 9\ 6 \\ -\ 6\ 8 \\ \hline \end{array}$$

(14)
$$\begin{array}{r} 7\ 4 \\ -\ 2\ 7 \\ \hline \end{array}$$

(15)
$$\begin{array}{r} 7\ 1 \\ -\ 4\ 6 \\ \hline \end{array}$$

(16)
$$\begin{array}{r} 9\ 2 \\ -\ 5\ 6 \\ \hline \end{array}$$

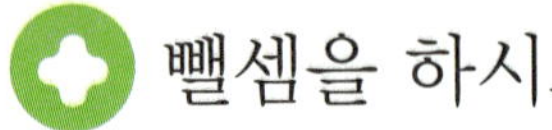

뺄셈을 하시오.

(1)
```
    3  10
    4̸  2
 −  2  6
```
① 일의 자리 계산
  2에서 6을 뺄 수 없으므로 십의 자리에서 10을 받아내림합니다. 12−6=6
② 십의 자리 계산
  3−2=1

(2)
```
   7 3
 − 4 8
```

(3)
```
   8 2
 − 5 7
```

(4)
```
   3 6
 − 1 9
```

(5)
```
   7 2
 − 4 7
```

(6)
```
   6 5
 − 2 8
```

(7)
```
   8 3
 − 5 6
```

(8)
```
   9 1
 − 6 9
```

(9)
```
   7 2
 − 4 8
```

(10)
```
   8 3
 − 3 9
```

 일의 자리 숫자끼리 뺄 수 없을 때에는 십의 자리에서 10을 받아내림하여 계산합니다.

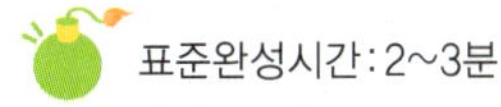

빨셈을 하시오.

(11)　8 4 　− 3 7	(12)　9 2 　− 4 3	(13)　7 3 　− 4 7
(14)　9 1 　− 4 2	(15)　4 4 　− 3 9	(16)　7 5 　− 5 6
(17)　6 2 　− 1 5	(18)　8 1 　− 7 8	(19)　7 0 　− 3 6
(20)　6 2 　− 4 8	(21)　8 3 　− 2 6	(22)　8 5 　− 5 9

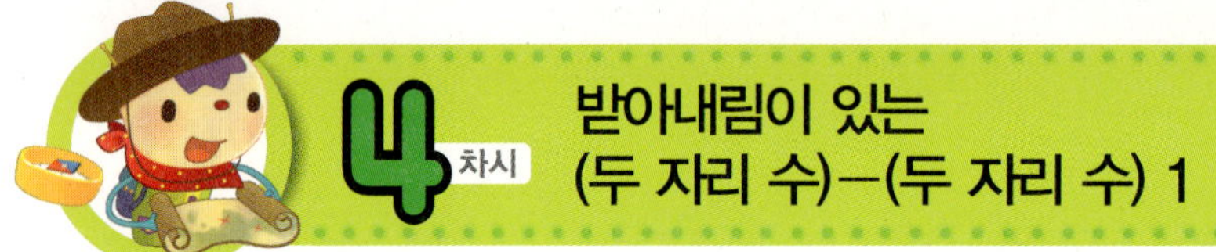

 뺄셈을 하시오.

(1)
$$\begin{array}{r} 5\ 2 \\ -\ 3\ 5 \\ \hline \end{array}$$

(2)
$$\begin{array}{r} 7\ 1 \\ -\ 3\ 7 \\ \hline \end{array}$$

(3)
$$\begin{array}{r} 8\ 8 \\ -\ 7\ 9 \\ \hline \end{array}$$

(4)
$$\begin{array}{r} 8\ 3 \\ -\ 2\ 5 \\ \hline \end{array}$$

(5)
$$\begin{array}{r} 9\ 2 \\ -\ 2\ 3 \\ \hline \end{array}$$

(6)
$$\begin{array}{r} 4\ 4 \\ -\ 1\ 5 \\ \hline \end{array}$$

(7)
$$\begin{array}{r} 6\ 2 \\ -\ 5\ 4 \\ \hline \end{array}$$

(8)
$$\begin{array}{r} 6\ 7 \\ -\ 2\ 9 \\ \hline \end{array}$$

(9)
$$\begin{array}{r} 5\ 3 \\ -\ 2\ 8 \\ \hline \end{array}$$

(10)
$$\begin{array}{r} 8\ 1 \\ -\ 2\ 7 \\ \hline \end{array}$$

(11)
$$\begin{array}{r} 5\ 7 \\ -\ 3\ 9 \\ \hline \end{array}$$

(12)
$$\begin{array}{r} 4\ 2 \\ -\ 2\ 3 \\ \hline \end{array}$$

(13)
$$\begin{array}{r} 8\ 3 \\ -\ 4\ 7 \\ \hline \end{array}$$

(14)
$$\begin{array}{r} 9\ 3 \\ -\ 2\ 6 \\ \hline \end{array}$$

(15)
$$\begin{array}{r} 5\ 8 \\ -\ 1\ 9 \\ \hline \end{array}$$

 뺄셈을 하시오.

(16)　　7 3
　　　− 2 6

(17)　　6 1
　　　− 1 4

(18)　　8 4
　　　− 4 9

(19)　　8 2
　　　− 1 7

(20)　　4 7
　　　− 3 8

(21)　　9 5
　　　− 5 7

(22)　　6 4
　　　− 2 6

(23)　　8 7
　　　− 4 9

(24)　　5 5
　　　− 3 8

(25)　　4 3
　　　− 2 8

(26)　　4 6
　　　− 1 8

(27)　　9 6
　　　− 3 9

(28)　　8 1
　　　− 3 3

(29)　　8 0
　　　− 3 2

(30)　　7 3
　　　− 3 9

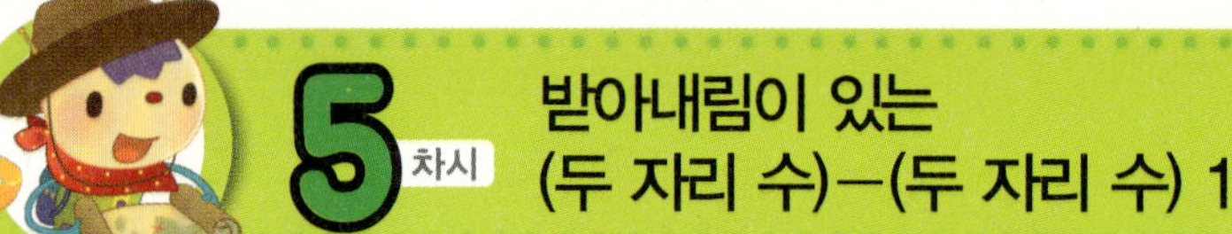

 뺄셈을 하시오.

(1) $46-27=\boxed{}$

① 26
② 19

$46-20=26$
$26-7=19$

· 27을 20과 7로 가릅니다.
· 46에서 20을 먼저 빼고 7을 뺍니다.
· $46-20=26,\ 26-7=19$

(2) $45-18=\boxed{}$

(3) $82-38=\boxed{}$

(4) $92-26=\boxed{}$

(5) $83-27=\boxed{}$

(6) $70-45=\boxed{}$

(7) $75-48=\boxed{}$

 꼭꼭
빼는 수를 몇십과 몇으로 가른 다음 몇십을 뺀 후 몇을 빼는 계산 방법입니다.
$46-27=46-20-7=26-7=19$

 뺄셈을 하시오.

1주

(8)　$52-25=$ 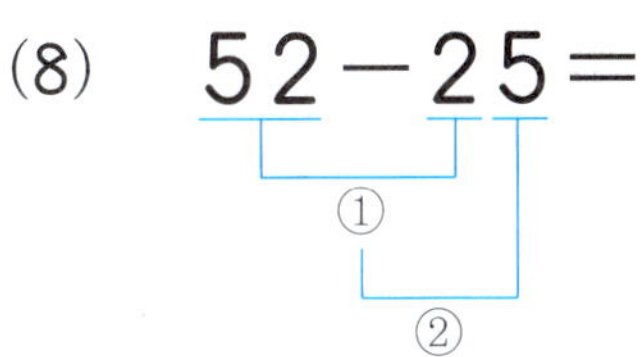

(9)　$54-27=$

(10)　$75-18=$

(11)　$61-15=$

(12)　$81-26=$

(13)　$82-33=$

(14)　$68-39=$

(15)　$57-28=$

(16)　$76-49=$

(17)　$85-57=$

(18)　$83-17=$

(19)　$72-45=$

 뺄셈을 하시오.

(1) $62 - 37 = \boxed{}$

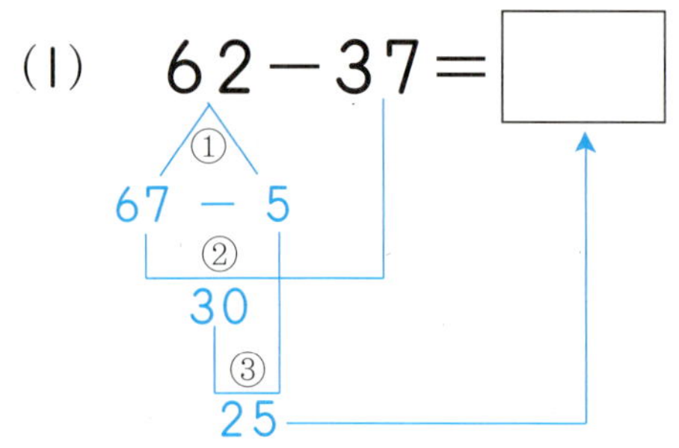

$$62-37$$
$$=67-5-37$$
$$=67-37-5$$
$$=30-5$$
$$=25$$

(2) $71 - 23 = \boxed{}$

$73 - 2$
50
48

(3) $82 - 36 = \boxed{}$

$86 - 4$
50
46

(4) $83 - 45 = \boxed{}$

(5) $64 - 19 = \boxed{}$

(6) $93 - 17 = \boxed{}$

(7) $52 - 29 = \boxed{}$

 빼어지는 수를 빼는 수의 일의 자리 숫자와 같게 만들어 빼는 계산 방법입니다. 충분한 연습을 한 후 암산으로 해결할 수 있도록 합니다.

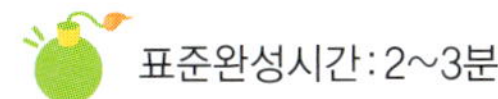

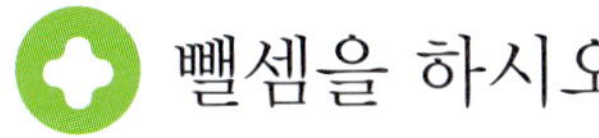
빼셈을 하시오.

(8) 43−17=

(9) 63−48=

(10) 81−37=

(11) 92−26=

(12) 84−46=

(13) 72−19=

(14) 45−26=

(15) 94−36=

(16) 83−28=

(17) 71−53=

(18) 85−16=

(19) 93−48=

➕ 가로셈을 세로셈으로 고쳐 계산하시오.

(1) $64-27$

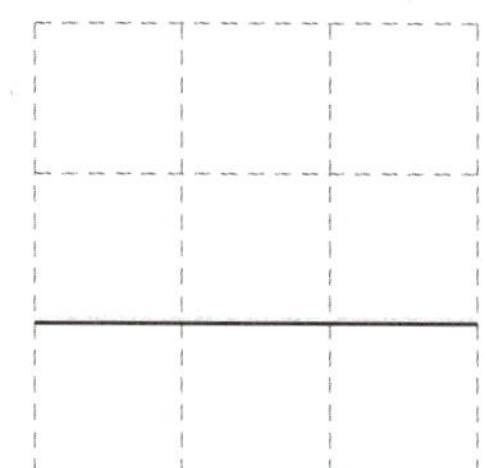

(2) $43-17$

(3) $92-44$

(4) $82-35$

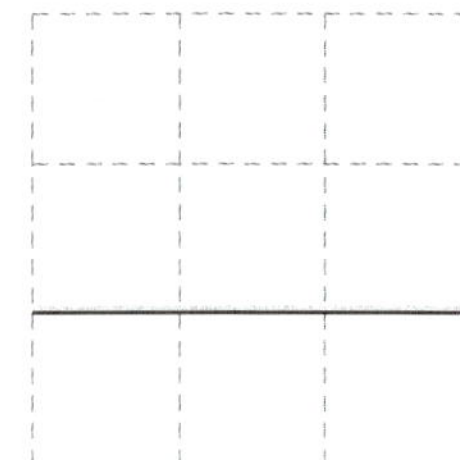

(5) $91-23$

(6) $63-48$

(7) $85-37$

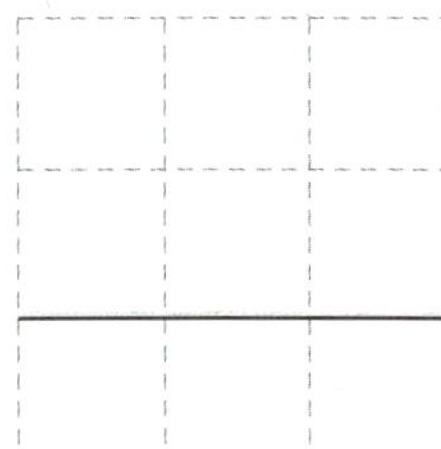

(8) $94-25$

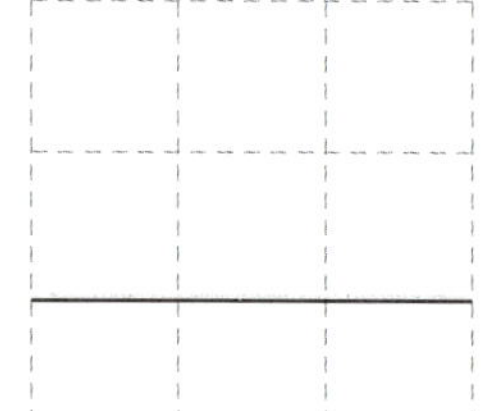

(9) $68-29$

 가로셈을 세로셈으로 고쳐 계산할 때에는 자리를 맞추어 쓰고 일의 자리, 십의 자리의 순서로 받아내림에 주의하여 계산합니다.

가로셈을 세로셈으로 고쳐 계산하시오.

(10) $47-19$　　　(11) $93-29$　　　(12) $81-23$

(13) $56-29$　　　(14) $83-24$　　　(15) $92-79$

(16) $51-34$　　　(17) $81-57$　　　(18) $74-47$

8 차시 받아내림이 있는 (두 자리 수)-(두 자리 수) 1

1단계

가로셈을 세로셈으로 고쳐 계산하시오.

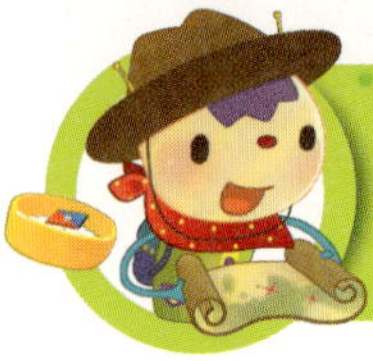

(1) 74 - 15

(2) 46 - 37

(3) 51 - 28

(4) 92 - 47

(5) 63 - 17

(6) 35 - 26

(7) 44 - 38

(8) 83 - 36

(9) 55 - 17

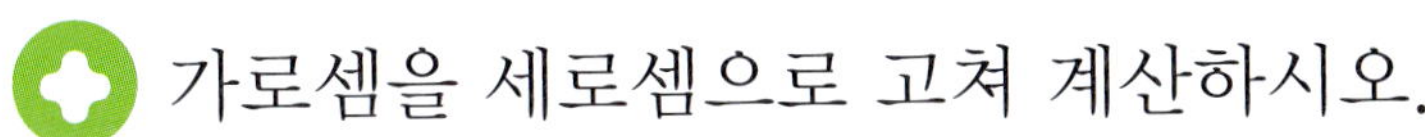 가로셈을 세로셈으로 고쳐 계산하시오.

(10) $43-38$

(11) $58-29$

(12) $54-28$

(13) $93-17$

(14) $71-57$

(15) $75-19$

(16) $93-36$

(17) $55-27$

(18) $94-39$

➕ 빈칸에 알맞은 수를 써넣으시오.

(1)

−	61	93	70	74
47	14			
36				

(2)

−	63	54	72	90
45				45
26				

(3)

−	53	62	81	95
28				
37		25		

 가로줄의 수에서 세로줄의 수를 빼어 빈칸에 써넣도록 합니다. 지금까지 충분한 연습을 하였으므로 따로 식을 세우지 말고 암산으로 계산하도록 합니다.

◆ 빈칸에 알맞은 수를 써넣으시오.

1주

(4)

−	92	71	52	94
38			14	
29				

(5)

−	61	63	73	83
46				
37	24			

(6)

−	52	82	74	61
49				
25			49	

✿ 빈칸에 알맞은 수를 써넣으시오.

(1)

−	72
27	
18	
46	
29	
36	

(2)

−	75
29	
37	
48	
16	
27	

(3)

−	53
35	
16	
28	
39	
18	

(4)

−	82
35	
19	
26	
43	
57	

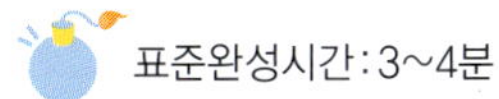

◆ 빈칸에 알맞은 수를 써넣으시오.

(5)

91	94	95	98
−9	−7	−5	−9
82			
−19	−19	−15	−16
63			
−18	−15	−18	−15
45			
−17	−16	−19	−14
−16	−19	−16	−19

✿ □ 안에 알맞은 숫자를 써넣으시오.

(1)
```
    □ 2
 −  3 5
 ───────
    3 7
```

(2)
```
    □ 1
 −  5 3
 ───────
    1 8
```

(3)
```
    6 3
 −  □ 5
 ───────
      8
```

(4)
```
    8 2
 −  □ 3
 ───────
    2 9
```

(5)
```
    9 □
 −  3 6
 ───────
    5 8
```

(6)
```
    5 □
 −  1 3
 ───────
    3 9
```

(7)
```
    7 5
 −  1 □
 ───────
    5 6
```

(8)
```
    9 1
 −  4 □
 ───────
    4 7
```

 받아내림이 있는 (두 자리 수)−(두 자리 수)의 일의 자리 계산에서 □−★=●의 경우에는 □=●+★의 일의 자리 수이고, ★−□=●의 경우에는 □=10+★−●의 일의 자리 수입니다.

□ 안에 알맞은 숫자를 써넣으시오.

(9)
```
    □  1
  -  1  □
  ─────
     3  5
```

(10)
```
    □  3
  -  2  □
  ─────
     3  8
```

(11)
```
    9  □
  -  □  5
  ─────
     2  6
```

(12)
```
    9  □
  -  □  7
  ─────
     2  9
```

(13)
```
    □  □
  -  3  8
  ─────
     4  7
```

(14)
```
    □  □
  -  2  9
  ─────
     4  6
```

(15)
```
    8  3
  -  □  □
  ─────
     4  7
```

(16)
```
    6  3
  -  □  □
  ─────
     2  6
```

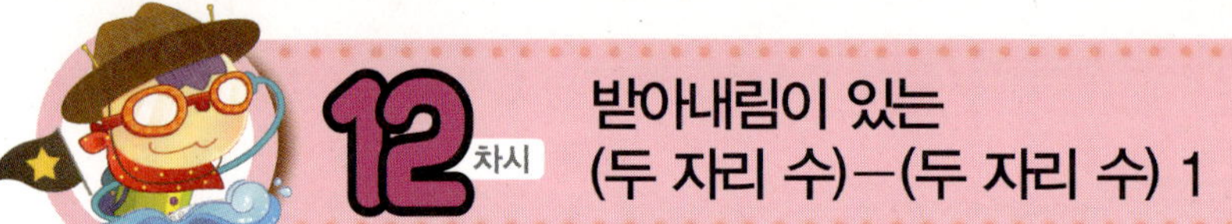

□ 안에 알맞은 숫자를 써넣으시오.

(1) $52 - 1\square = 34$

(2) $6\square - 34 = 27$

(3) $63 - 1\square = 48$

(4) $7\square - 27 = 46$

(5) $61 - 2\square = 32$

(6) $8\square - 27 = 56$

(7) $91 - 3\square = 56$

(8) $6\square - 26 = 39$

(9) $85 - \square = 57$

(10) $\square - 26 = 38$

(11) $82 - \square = 65$

(12) $\square - 37 = 33$

 주어진 계산 방법으로 뺄셈을 하시오.

1주

$$72-14=72-10-4=62-4=58$$

(13) $34-18=$

(14) $84-15=$

(15) $62-29=$

(16) $51-35=$

(17) $57-28=$

(18) $65-17=$

(19) $93-15=$

(20) $74-29=$

받아내림이 있는 (두 자리 수)−(두 자리 수) 2

학습 체크표 매일 학습이 끝나면 채점을 하고 체크표를 작성하여 나의 실력을 알아보세요.

차시	단계	공부한 날	잘 했나요?			
13차시		월 일	☺	☺	😐	☹
14차시		월 일	☺	☺	😐	☹
15차시		월 일	☺	☺	😐	☹
16차시	1단계	월 일	☺	☺	😐	☹
17차시		월 일	☺	☺	😐	☹
18차시		월 일	☺	☺	😐	☹
19차시		월 일	☺	☺	😐	☹
20차시		월 일	☺	☺	😐	☹
21차시	2단계	월 일	☺	☺	😐	☹
22차시		월 일	☺	☺	😐	☹
23차시	3단계	월 일	☺	☺	😐	☹
24차시		월 일	☺	☺	😐	☹

틀린 개수가

0~1 개이면 ☺ (아주 잘함)에, 2~3개이면 ☺ (잘함)에,

4~5개이면 😐 (보통)에, 6개 이상이면 ☹ (노력 바람)에 색칠해 주세요.

학습목표 받아내림이 있는 (두 자리 수)−(두 자리 수)의 계산을 여러 가지 방법으로 해결하고 뺄셈의
기초를 다집니다.

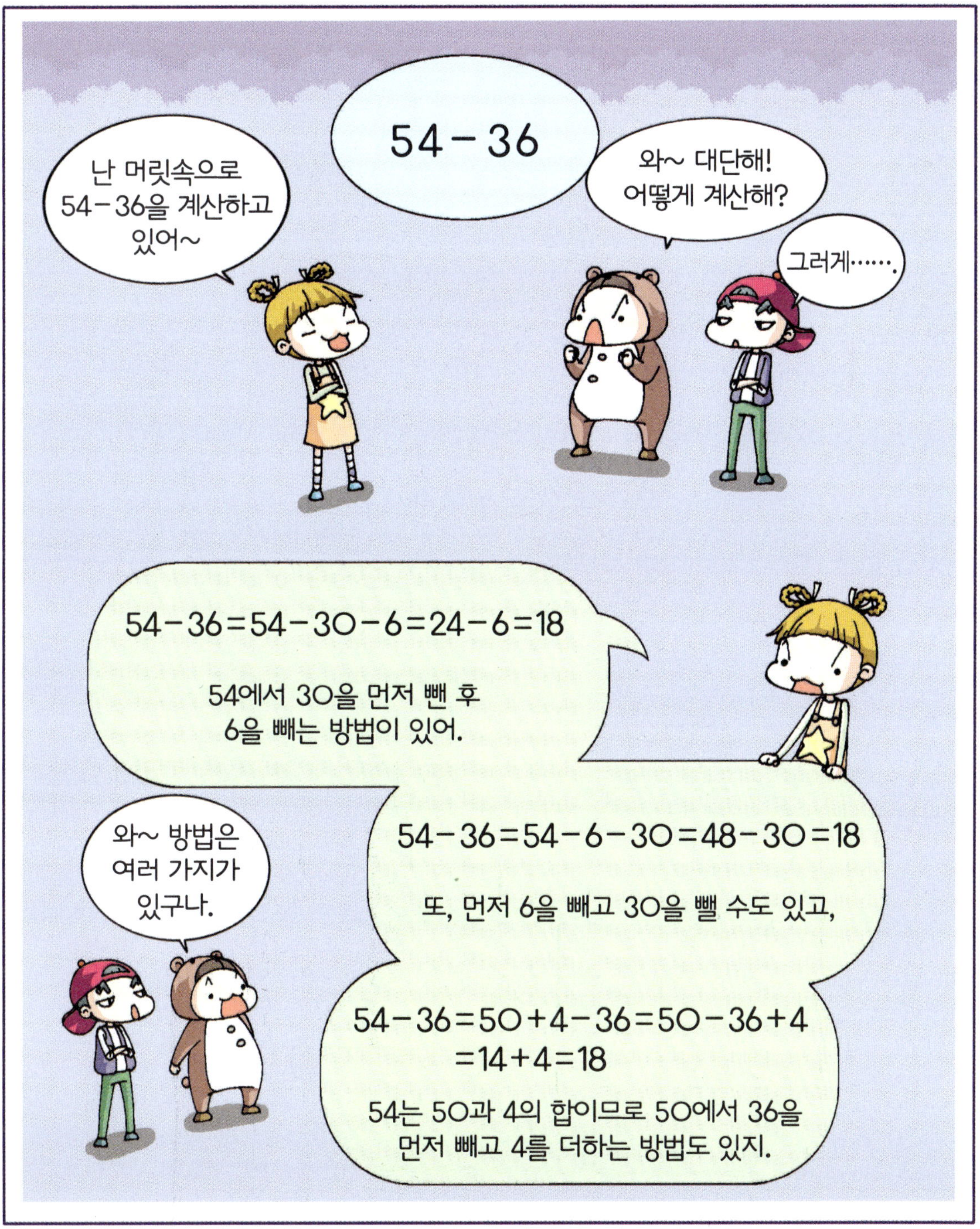

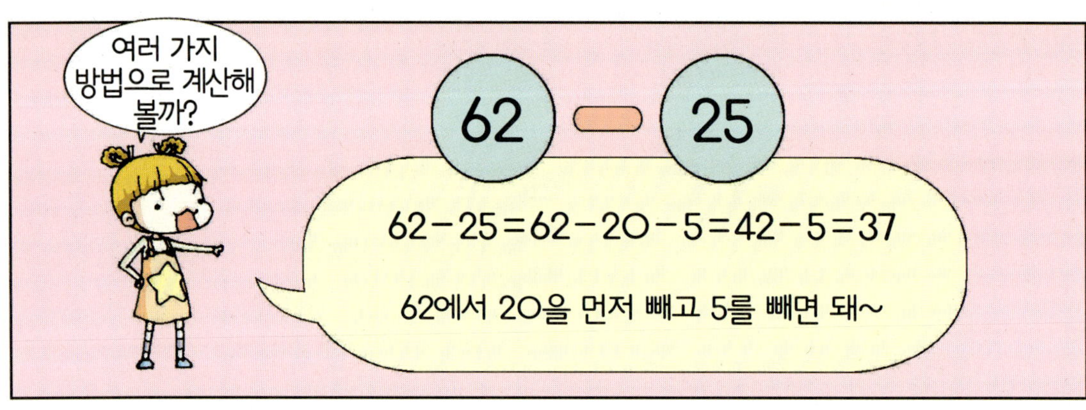
여러 가지 방법으로 계산해 볼까?
62 − 25
$62-25=62-20-5=42-5=37$
62에서 20을 먼저 빼고 5를 빼면 돼~

$62-25=62-5-20=57-20=37$
62에서 5를 먼저 빼고 20을 빼도 되지.
$62-25=62+2-25=60-25+2$
$=35+2=37$
또, 62는 60과 2의 합이므로 60에서 25를 빼고 2를 더하는 방법도 있지~

이렇게 세로셈으로 풀어 보자.
6 2
− 2 5
5 10
6 2
− 2 5
7
5 10
6 2
− 2 5
3 7

와~ 버스다~
버스

이 버스는 45명까지 탈 수 있지. 지금은 19명이 타고 있단다.

2주

그럼 몇 명 더 탈 수 있는 걸까?

45에서 19를 빼보면 된단다.

몇 명이지?
어서 타고 계산해 보렴.

십의 자리   일의 자리
십의 자리   일의 자리
3   10
4   5
1   9
2   6
26명 더 탈 수 있구나.

받아내림이 있는 (두 자리 수)−(두 자리 수) 2

◆ 뺄셈을 하시오.

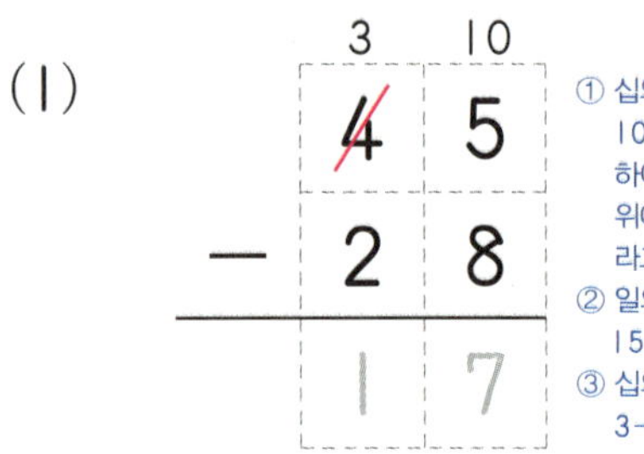

(1)

$$\begin{array}{r} \overset{3}{\cancel{4}}\ \overset{10}{5} \\ -\ 2\ 8 \\ \hline 1\ 7 \end{array}$$

① 십의 자리에서 10을 받아내림 하여 일의 자리 위에 작게 10이 라고 씁니다.
② 일의 자리 계산 15−8=7
③ 십의 자리 계산 3−2=1

(2)

$$\begin{array}{r} 7\ 1 \\ -\ 2\ 7 \\ \hline \end{array}$$

(3)

$$\begin{array}{r} \overset{5}{\cancel{6}}\ \overset{10}{3} \\ -\ 3\ 6 \\ \hline \end{array}$$

① 십의 자리에서 10을 받아내림 하여 일의 자리 위에 작게 10이 라고 씁니다.
② 일의 자리 계산 13−6=7
③ 십의 자리 계산 5−3=2

(4)

$$\begin{array}{r} 9\ 4 \\ -\ 7\ 7 \\ \hline \end{array}$$

(5)

$$\begin{array}{r} 3\ 0 \\ -\ 1\ 4 \\ \hline \end{array}$$

(6)

$$\begin{array}{r} 5\ 0 \\ -\ 1\ 5 \\ \hline \end{array}$$

(7)

$$\begin{array}{r} 6\ 3 \\ -\ 2\ 9 \\ \hline \end{array}$$

(8)

$$\begin{array}{r} 8\ 2 \\ -\ 4\ 6 \\ \hline \end{array}$$

꼭꼭   일의 자리 숫자끼리 뺄 수 없을 때에는 십의 자리에서 10을 받아내림하여 계산합니다.

 뺄셈을 하시오.

(9)

$$\begin{array}{r} 4\ 7 \\ -\ 3\ 9 \\ \hline \end{array}$$

(10)

$$\begin{array}{r} 2\ 3 \\ -\ 1\ 8 \\ \hline \end{array}$$

(11)

$$\begin{array}{r} 6\ 4 \\ -\ 5\ 7 \\ \hline \end{array}$$

(12)

$$\begin{array}{r} 5\ 2 \\ -\ 4\ 3 \\ \hline \end{array}$$

(13)

$$\begin{array}{r} 8\ 0 \\ -\ 1\ 3 \\ \hline \end{array}$$

(14)

$$\begin{array}{r} 7\ 0 \\ -\ 6\ 7 \\ \hline \end{array}$$

(15)

$$\begin{array}{r} 3\ 2 \\ -\ 1\ 8 \\ \hline \end{array}$$

(16)

$$\begin{array}{r} 8\ 3 \\ -\ 4\ 8 \\ \hline \end{array}$$

 **14**차시 받아내림이 있는
(두 자리 수)−(두 자리 수) 2

➕ 뺄셈을 하시오.

(1)
```
   7 1
 - 1 5
```

(2)
```
   8 3
 - 2 8
```

(3)
```
   4 4
 - 2 7
```

(4)
```
   5 5
 - 3 6
```

(5)
```
   6 0
 - 2 4
```

(6)
```
   5 2
 - 3 7
```

(7)
```
   9 4
 - 4 7
```

(8)
```
   8 5
 - 2 9
```

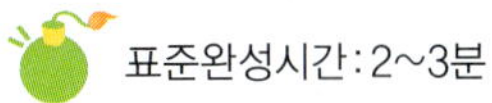

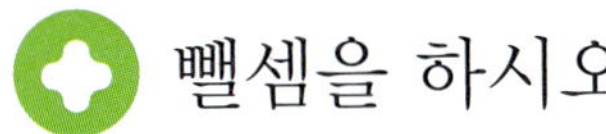

❖ 뺄셈을 하시오.

(9)

$$\begin{array}{r} 8\,0 \\ -\ 3\,6 \\ \hline \end{array}$$

(10)

$$\begin{array}{r} 7\,1 \\ -\ 3\,8 \\ \hline \end{array}$$

(11)

$$\begin{array}{r} 6\,3 \\ -\ 3\,5 \\ \hline \end{array}$$

(12)

$$\begin{array}{r} 9\,0 \\ -\ 5\,4 \\ \hline \end{array}$$

(13)

$$\begin{array}{r} 7\,2 \\ -\ 2\,9 \\ \hline \end{array}$$

(14)

$$\begin{array}{r} 4\,3 \\ -\ 2\,9 \\ \hline \end{array}$$

(15)

$$\begin{array}{r} 8\,4 \\ -\ 3\,5 \\ \hline \end{array}$$

(16)

$$\begin{array}{r} 9\,2 \\ -\ 4\,8 \\ \hline \end{array}$$

15 차시 받아내림이 있는 (두 자리 수)−(두 자리 수) 2

 뺄셈을 하시오.

(1)
$$\begin{array}{r} \overset{4}{\cancel{5}}\ \overset{10}{5} \\ -\ 1\ 7 \\ \hline \end{array}$$

① 일의 자리 계산
  5에서 7을 뺄 수 없으므로 십의 자리에서 10을 받아내림합니다. $15-7=8$
② 십의 자리 계산
  $4-1=3$

(2)
$$\begin{array}{r} 8\ 1 \\ -\ 1\ 8 \\ \hline \end{array}$$

(3)
$$\begin{array}{r} 7\ 5 \\ -\ 4\ 6 \\ \hline \end{array}$$

(4)
$$\begin{array}{r} 9\ 2 \\ -\ 2\ 4 \\ \hline \end{array}$$

(5)
$$\begin{array}{r} 4\ 6 \\ -\ 2\ 8 \\ \hline \end{array}$$

(6)
$$\begin{array}{r} 6\ 3 \\ -\ 4\ 4 \\ \hline \end{array}$$

(7)
$$\begin{array}{r} 8\ 0 \\ -\ 1\ 4 \\ \hline \end{array}$$

(8)
$$\begin{array}{r} 9\ 1 \\ -\ 3\ 3 \\ \hline \end{array}$$

(9)
$$\begin{array}{r} 5\ 4 \\ -\ 4\ 7 \\ \hline \end{array}$$

(10)
$$\begin{array}{r} 6\ 2 \\ -\ 5\ 5 \\ \hline \end{array}$$

 일의 자리 숫자끼리 뺄 수 없을 때에는 십의 자리에서 10을 받아내림하여 계산합니다.

 뺄셈을 하시오.

(11)
```
   7 3
 - 6 7
```

(12)
```
   4 0
 - 3 1
```

(13)
```
   3 3
 - 1 8
```

(14)
```
   5 4
 - 2 9
```

(15)
```
   7 3
 - 3 7
```

(16)
```
   8 0
 - 5 6
```

(17)
```
   8 1
 - 2 9
```

(18)
```
   4 5
 - 2 8
```

(19)
```
   6 2
 - 3 3
```

(20)
```
   7 1
 - 3 4
```

(21)
```
   6 0
 - 2 5
```

(22)
```
   9 6
 - 1 9
```

받아내림이 있는 (두 자리 수)−(두 자리 수) 2

 뺄셈을 하시오.

(1)
$$42 - 25$$

(2)
$$71 - 57$$

(3)
$$65 - 39$$

(4)
$$91 - 45$$

(5)
$$33 - 16$$

(6)
$$50 - 37$$

(7)
$$76 - 47$$

(8)
$$87 - 28$$

(9)
$$83 - 77$$

(10)
$$42 - 29$$

(11)
$$60 - 53$$

(12)
$$94 - 86$$

(13)
$$41 - 27$$

(14)
$$93 - 28$$

(15)
$$55 - 19$$

 뺄셈을 하시오.

(16)　　35 　　−18	(17)　　74 　　−45	(18)　　41 　　−14
(19)　　52 　　−29	(20)　　40 　　−15	(21)　　64 　　−36
(22)　　90 　　−69	(23)　　77 　　−58	(24)　　38 　　−19
(25)　　82 　　−57	(26)　　53 　　−24	(27)　　30 　　−11
(28)　　83 　　−56	(29)　　72 　　−29	(30)　　95 　　−39

➕ 뺄셈을 하시오.

(1) $68 - 19 = \boxed{}$

    ① 58
    ② 49

$68 - 10 = 58$
$58 - 9 = 49$

· 19를 10과 9로 가릅니다.
· 68에서 10을 먼저 빼고 9를 뺍니다.
· $68 - 10 = 58$, $58 - 9 = 49$

(2) $75 - 17 = \boxed{}$

(3) $54 - 18 = \boxed{}$

(4) $72 - 26 = \boxed{}$

(5) $51 - 27 = \boxed{}$

(6) $80 - 52 = \boxed{}$

(7) $65 - 29 = \boxed{}$

 빼는 수를 몇십과 몇으로 가른 다음 몇십을 뺀 후 몇을 빼는 계산 방법입니다.
$68 - 19 = 68 - 10 - 9 = 58 - 9 = 49$

● 뺄셈을 하시오.

(8) $41-28=$

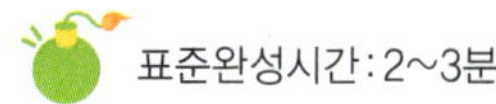

(9) $93-27=$

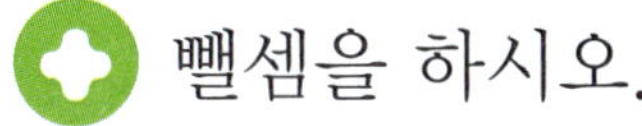

(10) $34-19=$

(11) $86-19=$

(12) $77-48=$

(13) $81-45=$

(14) $60-43=$

(15) $90-58=$

(16) $82-34=$

(17) $73-55=$

(18) $77-39=$

(19) $96-48=$

○ 뺄셈을 하시오.

(1) $81 - 22 = \boxed{}$

```
      81
    ①⌃
  82 − 1
      ②
     60
      ③
     59
```

$$81 - 22$$
$$= 82 - 1 - 22$$
$$= 82 - 22 - 1$$
$$= 60 - 1$$
$$= 59$$

(2) $82 - 35 = \boxed{}$

```
  82
 85 − 3
   50
   47
```

(3) $65 - 48 = \boxed{}$

```
  65
 68 − 3
   20
   17
```

(4) $94 - 76 = \boxed{}$

(5) $91 - 44 = \boxed{}$

(6) $73 - 57 = \boxed{}$

(7) $62 - 39 = \boxed{}$

꼭꼭 빼어지는 수를 빼는 수의 일의 자리 숫자와 같게 만들어 빼는 계산 방법입니다.
충분한 연습을 한 후 암산으로 해결할 수 있도록 합니다.

 뺄셈을 하시오.

2주

(8)　43−26＝　　　　(9)　62−47＝

(10)　71−59＝　　　　(11)　86−38＝

(12)　74−39＝　　　　(13)　72−66＝

(14)　83−34＝　　　　(15)　62−34＝

(16)　32−25＝　　　　(17)　51−12＝

(18)　67−29＝　　　　(19)　73−58＝

19 차시 받아내림이 있는 (두 자리 수)−(두 자리 수) 2

 가로셈을 세로셈으로 고쳐 계산하시오.

(1) 94−77

$$\begin{array}{r} 9\;4 \\ -\;7\;7 \\ \hline 1\;7 \end{array}$$

(2) 82−35

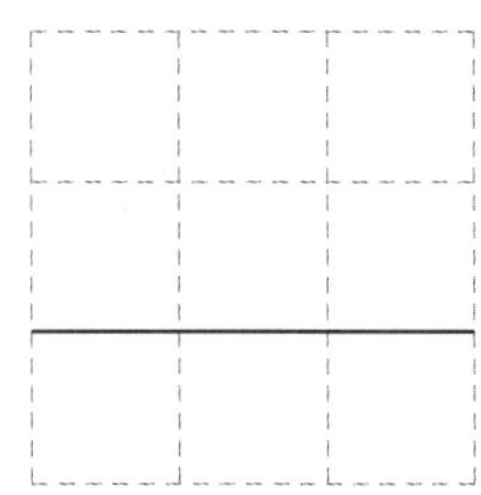

(3) 75−17

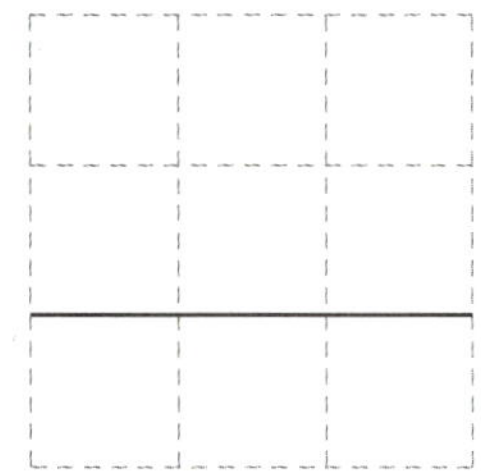

(4) 63−49

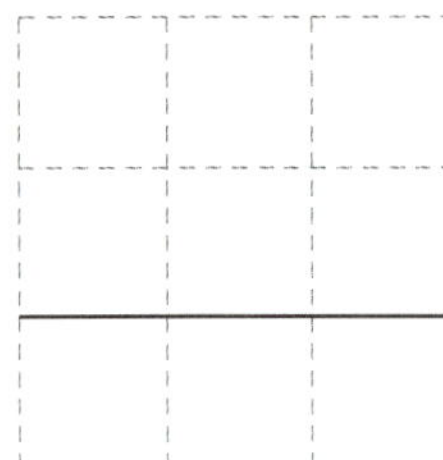

(5) 71−42

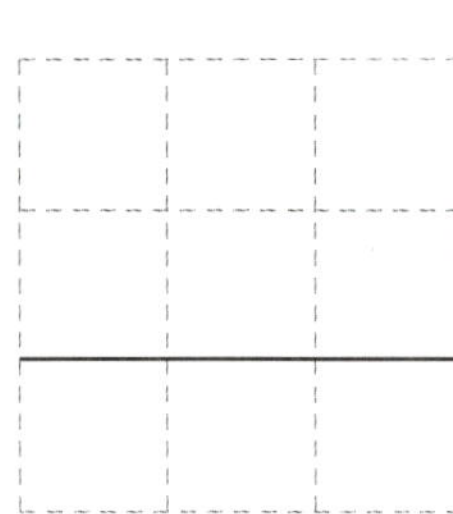

(6) 80−18

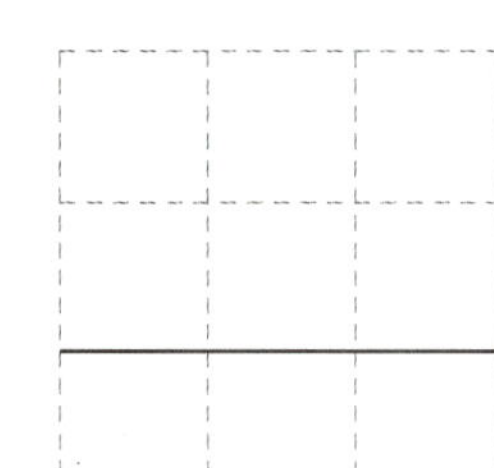

(7) 83−75

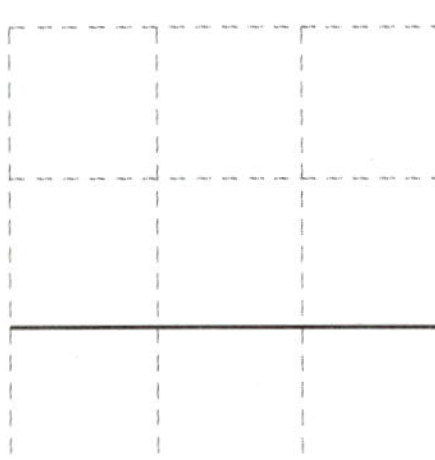

(8) 92−53

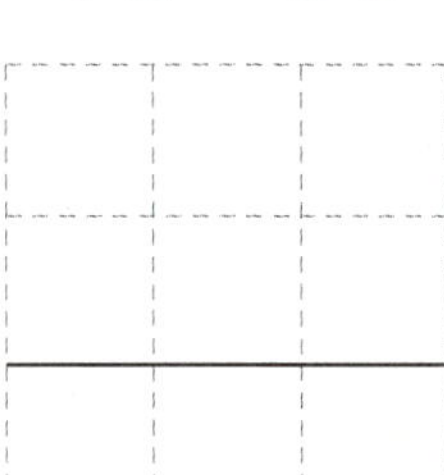

(9) 52−27

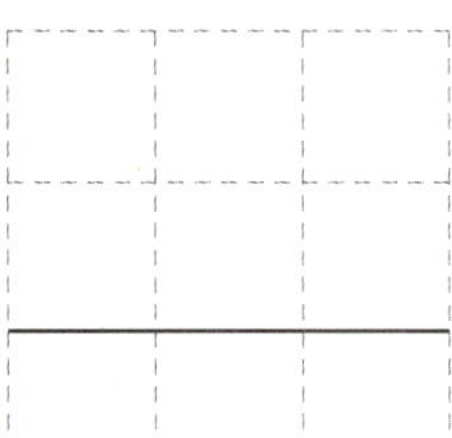

 가로셈을 세로셈으로 고쳐 계산할 때에는 자리를 맞추어 쓰고 일의 자리, 십의 자리의 순서로 받아내림에 주의하여 계산합니다.

가로셈을 세로셈으로 고쳐 계산하시오.

(10) 31-19

(11) 33-17

(12) 60-47

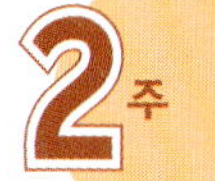

(13) 71-54

(14) 94-76

(15) 50-39

(16) 65-37

(17) 37-18

(18) 83-68

 가로셈을 세로셈으로 고쳐 계산하시오.

(1) $54-27$

(2) $75-47$

(3) $91-85$

(4) $37-29$

(5) $45-26$

(6) $62-37$

(7) $73-25$

(8) $86-28$

(9) $80-17$

가로셈을 세로셈으로 고쳐 계산하시오.

(10) $53-36$　　　(11) $75-18$　　　(12) $81-54$

(13) $90-27$　　　(14) $60-44$　　　(15) $53-17$

(16) $75-37$　　　(17) $92-65$　　　(18) $64-39$

21차시 받아내림이 있는 (두 자리 수)−(두 자리 수) 2

● 빈칸에 알맞은 수를 써넣으시오.

(1)

−	46	90	81	60
38	8			
29				

(2)

−	82	75	84	61
39				
18			66	

(3)

−	92	54	61	73
15				
36		18		

가로줄의 수에서 세로 줄의 수를 빼어 빈칸에 써넣도록 합니다. 지금까지 충분한 연습을 하였으므로 따로 식을 세우지 말고 암산으로 계산하도록 합니다.

✚ 빈칸에 알맞은 수를 써넣으시오.

(4)

−	50	82	70	95
18				
36	14			

(5)

−	83	76	91	64
29				35
37				

(6)

−	42	75	83	64
29		46		
17				

 빈칸에 알맞은 수를 써넣으시오.

(1)

−	80
15	
36	
27	
28	
19	

(2)

−	74
19	
25	
37	
28	
56	

(3)

−	53
39	
18	
47	
35	
26	

(4)

−	91
32	
15	
26	
53	
47	

◆ 빈칸에 알맞은 수를 써넣으시오.

(5)

99	96	94	95
−19	−17	−16	−18
80			
−17	−18	−15	−16
63			
−18	−17	−18	−15
45			
−17	−19	−19	−14
−16	−18	−17	−19

받아내림이 있는 (두 자리 수)−(두 자리 수) 2

3단계

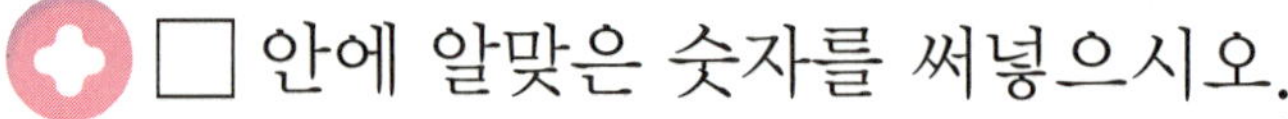

✿ □ 안에 알맞은 숫자를 써넣으시오.

(1)

$$\begin{array}{r} \square\,3 \\ -\ 1\,5 \\ \hline 3\,8 \end{array}$$

① 일의 자리 계산 3에서 5를 뺄 수 없으므로 십의 자리에서 받아내림 하였습니다. $13-5=8$
② 십의 자리 계산 $\square-1-1=3$ → □ 안의 수는 5

(2)

$$\begin{array}{r} \square\,1 \\ -\ 3\,6 \\ \hline 3\,5 \end{array}$$

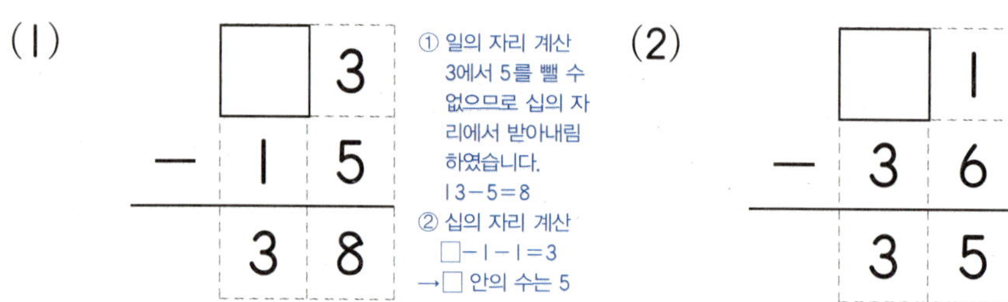

(3)

$$\begin{array}{r} 9\,4 \\ -\ \square\,7 \\ \hline 1\,7 \end{array}$$

(4)

$$\begin{array}{r} 4\,2 \\ -\ \square\,8 \\ \hline 1\,4 \end{array}$$

(5)

$$\begin{array}{r} 6\,\square \\ -\ 1\,8 \\ \hline 4\,3 \end{array}$$

어떤 수에서 8을 빼면 3이 되는지 알아봅니다.

(6)

$$\begin{array}{r} 3\,\square \\ -\ 1\,6 \\ \hline 1\,8 \end{array}$$

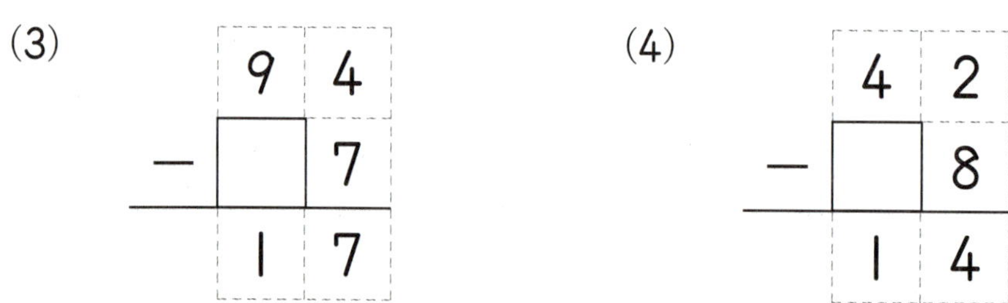

(7)

$$\begin{array}{r} 8\,2 \\ -\ 2\,\square \\ \hline 5\,9 \end{array}$$

(8)

$$\begin{array}{r} 9\,0 \\ -\ 4\,\square \\ \hline 4\,3 \end{array}$$

 꼭꼭 십의 자리에서 받아내림이 있는 뺄셈이므로 주의하여 □ 안의 수를 구합니다.

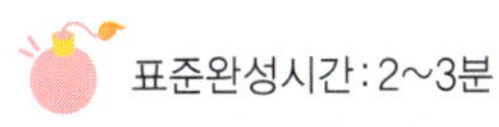

☘ □ 안에 알맞은 숫자를 써넣으시오.

(9)
```
     □  1
  -  3  □
  -------
     5  2
```

(10)
```
     □  0
  -  4  □
  -------
     1  6
```

(11)
```
     7  □
  -  □  8
  -------
     5  5
```

(12)
```
     9  □
  -  □  5
  -------
     2  7
```

(13)
```
     □  □
  -  3  6
  -------
     2  4
```

(14)
```
     □  □
  -  5  7
  -------
     1  4
```

(15)
```
     6  5
  -  □  □
  -------
     3  7
```

(16)
```
     8  1
  -  □  □
  -------
     4  6
```

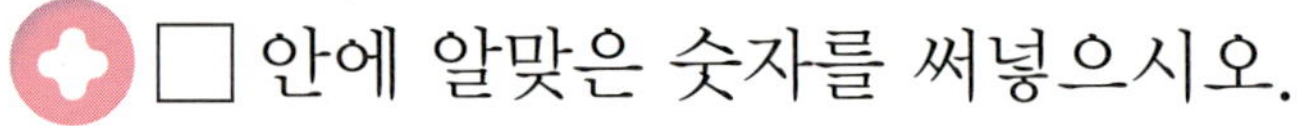

✚ ☐ 안에 알맞은 숫자를 써넣으시오.

(1) $80 - 1\boxed{} = 63$

(2) $6\boxed{} - 38 = 28$

(3) $73 - 1\boxed{} = 56$

(4) $9\boxed{} - 59 = 39$

(5) $70 - 5\boxed{} = 19$

(6) $8\boxed{} - 26 = 59$

(7) $92 - 5\boxed{} = 35$

(8) $8\boxed{} - 39 = 45$

(9) $86 - \boxed{} = 69$

(10) $\boxed{} - 36 = 47$

(11) $57 - \boxed{} = 19$

(12) $\boxed{} - 49 = 28$

 주어진 계산 방법으로 뺄셈을 하시오.

$$83-49=83-50+1=33+1=34$$

(13)　$91-28=$

(14)　$41-29=$

(15)　$97-48=$

(16)　$71-39=$

(17)　$93-18=$

(18)　$42-27=$

(19)　$80-19=$

(20)　$52-39=$

 **3주** **세 수의 계산 1**

학습 체크표 매일 학습이 끝나면 채점을 하고 체크표를 작성하여 나의 실력을 알아보세요.

차시	단계	공부한 날	잘 했나요?
25차시		월 일	☺ ☺ ☺ ☹
26차시		월 일	☺ ☺ ☺ ☹
27차시		월 일	☺ ☺ ☺ ☹
28차시	1단계	월 일	☺ ☺ ☺ ☹
29차시		월 일	☺ ☺ ☺ ☹
30차시		월 일	☺ ☺ ☺ ☹
31차시		월 일	☺ ☺ ☺ ☹
32차시		월 일	☺ ☺ ☺ ☹
33차시	2단계	월 일	☺ ☺ ☺ ☹
34차시		월 일	☺ ☺ ☺ ☹
35차시	3단계	월 일	☺ ☺ ☺ ☹
36차시		월 일	☺ ☺ ☺ ☹

틀린 개수가

0~1개이면 ☺ (아주 잘함)에, 2~3개이면 ☺ (잘함)에,

4~5개이면 ☺ (보통)에, 6개 이상이면 ☹ (노력 바람)에 색칠해 주세요.

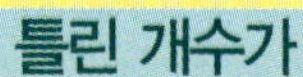

만화로 개념 알아보기

학습목표 받아올림이 있는 세 수의 덧셈을 여러 가지 방법으로 해결하고 덧셈의 기초를 다집니다.

$$25 + 16 + 28 = 41 + 28 = 69$$

① 25 + 16 = 41
② 41 + 28 = 69

$$\begin{array}{r} 2\ 5 \\ +\ 1\ 6 \\ \hline 4\ 1 \end{array} \qquad \begin{array}{r} 4\ 1 \\ +\ 2\ 8 \\ \hline 6\ 9 \end{array}$$

$$\begin{array}{r} 2\ 5 \\ 1\ 6 \\ +\ 2\ 8 \\ \hline 6\ 9 \end{array}$$

① 일의 자리 계산
　5 + 6 + 8 = 19
② 십의 자리 계산
　1 + 2 + 1 + 2 = 6

세 수의 덧셈은 더하는 순서를 바꾸어도 계산 결과는 같아!
우리가 한번 계산해 볼게.
25 + 16 + 28
먼저 25와 16을 더한 후 28을 더하는 방법이야.
25 + 16 + 28 = 41 + 28 = 69
① 25 + 16 = 41
② 41 + 28 = 69
①
②
더하는 순서를 바꾸어도 계산 결과는 같구나!
그럼~
25 + 16 + 28 = 25 + 44 = 69
① 16 + 28 = 44
② 25 + 44 = 69
①
②

어? 사탕이 분명 53개가 있었는데 왜 남은 게 이것뿐이지?
53-18-16
내가 사탕 18개를 먹었거든.
나는 사탕 16개를 먹었는데…….
3주

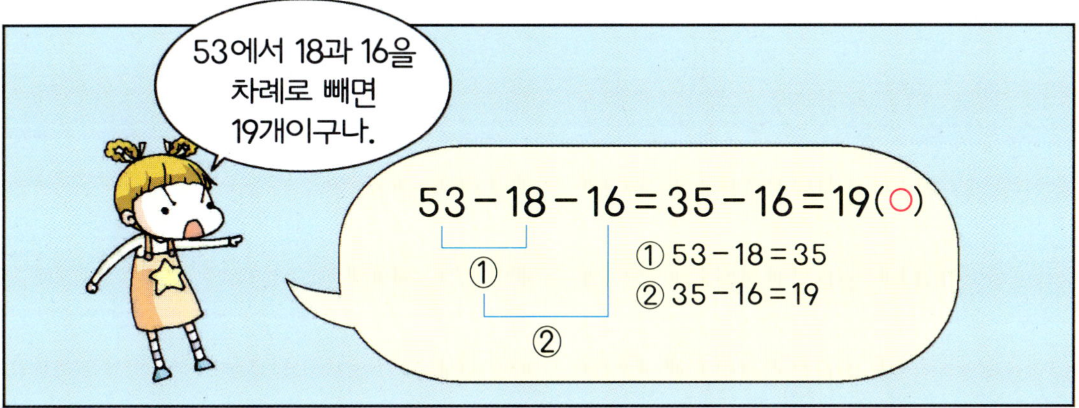
53에서 18과 16을 차례로 빼면 19개이구나.
$53 - 18 - 16 = 35 - 16 = 19(○)$
① ②
① 53 - 18 = 35
② 35 - 16 = 19

그런데 세 수의 뺄셈은 순서를 바꾸어 계산하면 절대 안돼.
근데 누가 내 사탕 맘대로 먹으랬어!
$53 - 18 - 16 = 53 - 2$
$= 51(×)$
① ②
① 18 - 16 = 2
② 53 - 2 = 51

➕ 덧셈을 하시오.

(1) $32+16+15=48+15=$ ☐
① $32+16=48$
② $48+15=63$

(2) $34+23+19=$ ☐ $+19=$ ☐

(3) $24+27+18=$ ☐ $+18=$ ☐

(4) $16+38+26=$

(5) $26+18+28=$

(6) $34+12+16=$

(7) $41+17+16=$

(8) $26+21+18=$

꼭꼭 세 수의 덧셈은 앞에서부터 두 수씩 차례로 더하거나 순서를 바꾸어 더하거나 계산하기 쉬운 두 수를 먼저 더하거나 세 수를 한꺼번에 더하여도 결과는 같습니다. 한 가지 방법으로만 푸는 것보다 문제에 따라 적절한 방법을 찾아 계산하는 것이 좋습니다.

➕ 덧셈을 하시오.

(9) $54+14+19=54+33=\boxed{}$

① $14+19=33$
② $54+33=87$

(10) $35+26+17=35+\boxed{}=\boxed{}$

(11) $16+27+35=16+\boxed{}=\boxed{}$

(12) $26+38+15=$

(13) $34+17+25=$

(14) $32+19+26=$

(15) $43+17+15=$

(16) $33+28+14=$

 뺄셈을 하시오.

(1) $72-29-15=43-15=\boxed{}$

세 수의 뺄셈은 반드시 앞에서부터 두 수씩 차례로 계산합니다.

$72-29-15=72-14=58$

세 수의 뺄셈에서 빼는 순서를 바꾸어 계산하면 결과가 달라집니다.

(2) $52-17-18=$

(3) $63-19-27=$

(4) $93-48-27=$

(5) $77-25-29=$

(6) $55-24-16=$

(7) $84-29-18=$

(8) $88-29-35=$

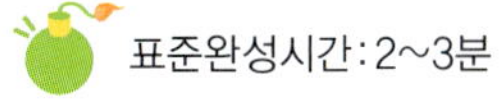 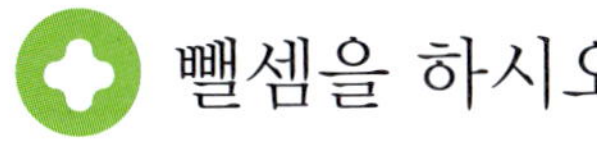

뺄셈을 하시오.

(9)　$54-16-17=$

(10)　$73-16-25=$

(11)　$81-18-25=$

(12)　$63-17-15=$

(13)　$80-23-16=$

(14)　$82-14-29=$

(15)　$73-16-27=$

(16)　$90-17-27=$

(17)　$73-19-32=$

 덧셈을 하시오.

(1) $42+17+26$

```
    4 2
+   1 7
───────
┌───┬───┐
│   │   │
└───┴───┘
+   2 6
───────
┌───┬───┐
│   │   │
└───┴───┘
```

① 앞에서부터 두 수씩 세로셈으로 나타내어 차례로 계산합니다.
② $42+17=59$
③ $59+26=85$

(2) $36+28+19$

```
    3 6
+   2 8
───────
┌───┬───┐
│   │   │
└───┴───┘
+   1 9
───────
┌───┬───┐
│   │   │
└───┴───┘
```

(3) $17+25+39$

```
    1 7
+   2 5
───────
┌───┬───┐
│   │   │
└───┴───┘
+   3 9
───────
┌───┬───┐
│   │   │
└───┴───┘
```

(4) $29+17+38$

```
    2 9
+   1 7
───────
┌───┬───┐
│   │   │
└───┴───┘
+   3 8
───────
┌───┬───┐
│   │   │
└───┴───┘
```

(5) $36+25+19$

```
    3 6
+   2 5
───────
┌───┬───┐
│   │   │
└───┴───┘
+   1 9
───────
┌───┬───┐
│   │   │
└───┴───┘
```

 덧셈을 하시오.

(6) 57+34+29

```
    5 7
+   3 4
───────
□ □
+   2 9
───────
□ □ □
```

(7) 68+25+27

```
    6 8
+   2 5
───────
□ □
+   2 7
───────
□ □ □
```

(8) 37+55+23

```
    3 7
+   5 5
───────
□ □
+   2 3
───────
□ □ □
```

(9) 42+28+36

```
    4 2
+   2 8
───────
□ □
+   3 6
───────
□ □ □
```

(10) 26+38+78

```
    2 6
+   3 8
───────
□ □
+   7 8
───────
□ □ □
```

(11) 35+39+58

```
    3 5
+   3 9
───────
□ □
+   5 8
───────
□ □ □
```

세 수의 계산 1

 덧셈을 하시오.

(1) 22+29+34

```
    2 2
  + 2 9
  ______
  [    ]

  + 3 4
  ______
  [    ]
```

(2) 24+17+29

```
    2 4
  + 1 7
  ______
  [    ]

  + 2 9
  ______
  [    ]
```

(3) 45+28+19

```
    4 5
  + 2 8
  ______
  [    ]

  + 1 9
  ______
  [    ]
```

(4) 36+15+27

```
    3 6
  + 1 5
  ______
  [    ]

  + 2 7
  ______
  [    ]
```

(5) 13+25+38

```
    1 3
  + 2 5
  ______
  [    ]

  + 3 8
  ______
  [    ]
```

(6) 16+35+29

```
    1 6
  + 3 5
  ______
  [    ]

  + 2 9
  ______
  [    ]
```

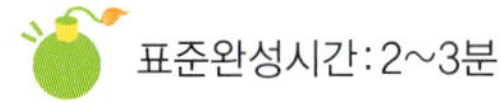 덧셈을 하시오.

E3

(7) 33+28+43

```
    3 3
  + 2 8
  -------
  [    ]

  + 4 3
  -------
  [    ]
```

(8) 37+15+78

```
    3 7
  + 1 5
  -------
  [    ]

  + 7 8
  -------
  [    ]
```

(9) 45+29+57

```
    4 5
  + 2 9
  -------
  [    ]

  + 5 7
  -------
  [    ]
```

(10) 28+56+67

```
    2 8
  + 5 6
  -------
  [    ]

  + 6 7
  -------
  [    ]
```

(11) 37+44+36

```
    3 7
  + 4 4
  -------
  [    ]

  + 3 6
  -------
  [    ]
```

(12) 25+38+86

```
    2 5
  + 3 8
  -------
  [    ]

  + 8 6
  -------
  [    ]
```

○ 뺄셈을 하시오.

(1) 62−17−26

```
    6   2
 −  1   7
 ───────
 
 −  2   6
 ───────
```

① 앞에서부터 두 수씩 세로셈으로 나타내어 차례로 계산합니다.
② 62−17=45
③ 45−26=19

(2) 86−28−38

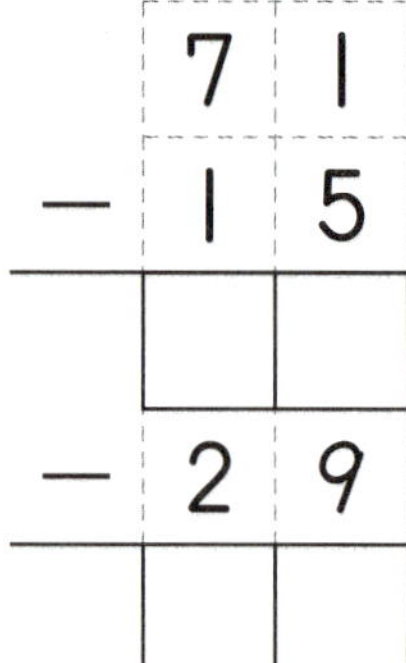

```
    8   6
 −  2   8
 ───────

 −  3   8
 ───────
```

(3) 71−15−29

```
    7   1
 −  1   5
 ───────

 −  2   9
 ───────
```

(4) 96−15−58

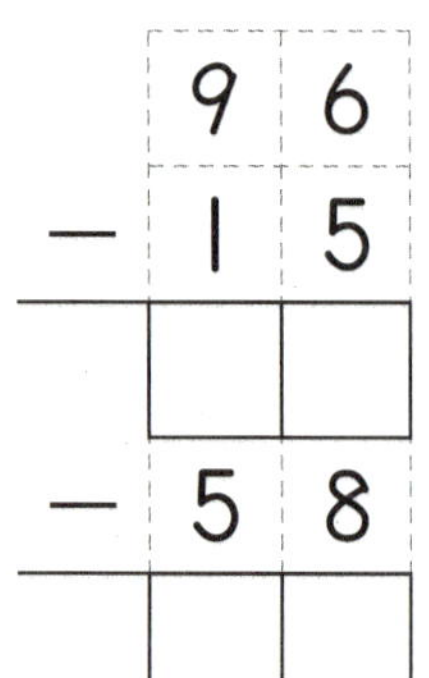

```
    9   6
 −  1   5
 ───────

 −  5   8
 ───────
```

(5) 86−25−19

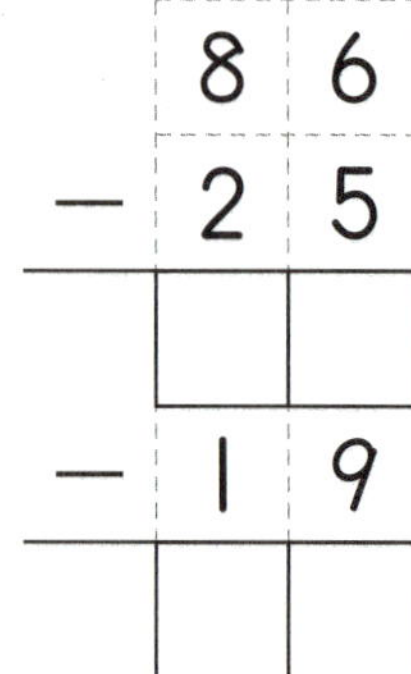

```
    8   6
 −  2   5
 ───────

 −  1   9
 ───────
```

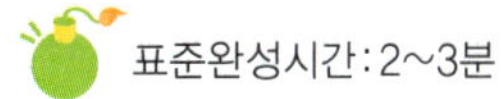

○ 뺄셈을 하시오.

(6) 62−25−28

```
    6 2
 −  2 5
 ───────
 
 −  2 8
 ───────
```

(7) 68−15−27

```
    6 8
 −  1 5
 ───────
 
 −  2 7
 ───────
```

(8) 92−39−19

```
    9 2
 −  3 9
 ───────
 
 −  1 9
 ───────
```

(9) 62−29−19

```
    6 2
 −  2 9
 ───────
 
 −  1 9
 ───────
```

(10) 80−27−16

```
    8 0
 −  2 7
 ───────
 
 −  1 6
 ───────
```

(11) 72−26−17

```
    7 2
 −  2 6
 ───────
 
 −  1 7
 ───────
```

3주

 뺄셈을 하시오.

(1) 73−35−19

```
   7 3
 − 3 5
 ───────
 [    ]

 − 1 9
 ───────
 [    ]
```

(2) 64−27−19

```
   6 4
 − 2 7
 ───────
 [    ]

 − 1 9
 ───────
 [    ]
```

(3) 84−15−23

```
   8 4
 − 1 5
 ───────
 [    ]

 − 2 3
 ───────
 [    ]
```

(4) 63−25−17

```
   6 3
 − 2 5
 ───────
 [    ]

 − 1 7
 ───────
 [    ]
```

(5) 55−18−19

```
   5 5
 − 1 8
 ───────
 [    ]

 − 1 9
 ───────
 [    ]
```

(6) 70−25−29

```
   7 0
 − 2 5
 ───────
 [    ]

 − 2 9
 ───────
 [    ]
```

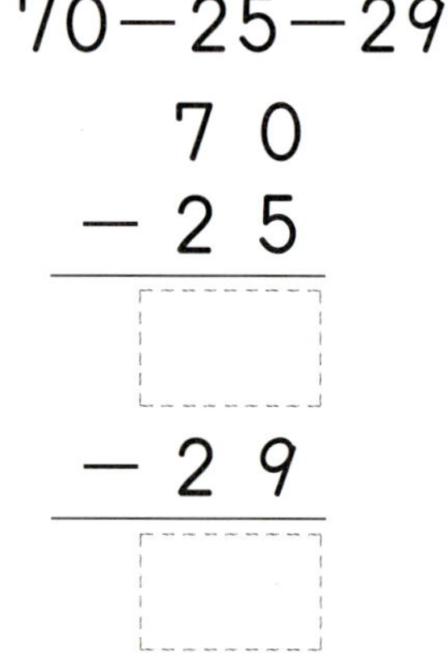

◆ 뺄셈을 하시오.

(7) 73−28−33

$$\begin{array}{r} 7\ 3 \\ -\ 2\ 8 \\ \hline \end{array}$$

$$\begin{array}{r} -\ 3\ 3 \\ \hline \end{array}$$

(8) 75−36−29

$$\begin{array}{r} 7\ 5 \\ -\ 3\ 6 \\ \hline \end{array}$$

$$\begin{array}{r} -\ 2\ 9 \\ \hline \end{array}$$

(9) 55−19−24

$$\begin{array}{r} 5\ 5 \\ -\ 1\ 9 \\ \hline \end{array}$$

$$\begin{array}{r} -\ 2\ 4 \\ \hline \end{array}$$

(10) 64−38−13

$$\begin{array}{r} 6\ 4 \\ -\ 3\ 8 \\ \hline \end{array}$$

$$\begin{array}{r} -\ 1\ 3 \\ \hline \end{array}$$

(11) 92−49−23

$$\begin{array}{r} 9\ 2 \\ -\ 4\ 9 \\ \hline \end{array}$$

$$\begin{array}{r} -\ 2\ 3 \\ \hline \end{array}$$

(12) 83−18−35

$$\begin{array}{r} 8\ 3 \\ -\ 1\ 8 \\ \hline \end{array}$$

$$\begin{array}{r} -\ 3\ 5 \\ \hline \end{array}$$

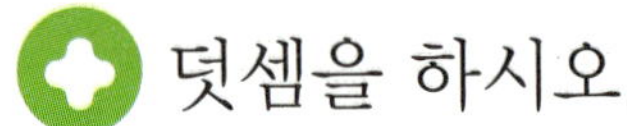

✚ 덧셈을 하시오.

(1)

```
  3 6
  2 4
+ 3 9
```

① 일의 자리끼리 먼저 계산합니다.

　$6+4+9=19$에서 9는 일의 자리에 쓰고,

　10은 십의 자리 위에 작게 1이라고 씁니다.

② 받아올림한 수와 십의 자리 수를 더합니다.

　$1+3+2+3=9$

(2)

```
  2 7
  4 3
+ 1 5
```

(3)

```
  6 7
  2 3
+ 3 9
```

(4)

```
  5 4
  2 6
+ 3 8
```

(5)

```
  3 5
  4 5
+ 2 7
```

(6)

```
  3 7
  4 6
+ 4 9
```

(7)

```
  6 6
  2 7
+ 3 8
```

꼭꼭　세 수를 한꺼번에 더했을 때 받아올림한 수는 1 또는 2가 될 수 있음에 주의합니다.

 덧셈을 하시오.

(8)
$$\begin{array}{r} 4\ 7 \\ 2\ 3 \\ +\ 1\ 9 \\ \hline \end{array}$$

(9)
$$\begin{array}{r} 2\ 3 \\ 3\ 6 \\ +\ 2\ 7 \\ \hline \end{array}$$

(10)
$$\begin{array}{r} 5\ 6 \\ 2\ 5 \\ +\ 4\ 9 \\ \hline \end{array}$$

(11)
$$\begin{array}{r} 3\ 4 \\ 2\ 8 \\ +\ 3\ 6 \\ \hline \end{array}$$

(12)
$$\begin{array}{r} 3\ 5 \\ 2\ 6 \\ +\ 5\ 9 \\ \hline \end{array}$$

(13)
$$\begin{array}{r} 7\ 2 \\ 1\ 9 \\ +\ 4\ 3 \\ \hline \end{array}$$

(14)
$$\begin{array}{r} 2\ 6 \\ 2\ 4 \\ +\ 3\ 7 \\ \hline \end{array}$$

(15)
$$\begin{array}{r} 5\ 7 \\ 1\ 4 \\ +\ 2\ 8 \\ \hline \end{array}$$

(16)
$$\begin{array}{r} 5\ 5 \\ 3\ 8 \\ +\ 4\ 6 \\ \hline \end{array}$$

빈칸에 알맞은 수를 써넣으시오.

(1)

+	22	57	34	+
19	64			23
23				36
37				15

(2)

+	25	38	46	+
16	58			17
27				21
39				19

 세 수의 덧셈은 위, 왼쪽, 오른쪽의 세 수를 더하여 빈칸에 써넣습니다.

✿ 빈칸에 알맞은 수를 써넣으시오.

(3)

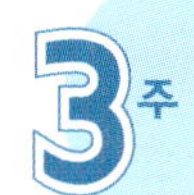

+	26	17	+
32			27
27			31
15			19
34			26
17			25
26			30
39		89	33
18			27
40			18

33 차시 세 수의 계산 1

2단계

◆ 빈칸에 알맞은 수를 써넣으시오.

(1)

−	81	72	56	−
26	40			15
17				26
29				18

(2)

−	92	83	74	−
38				28
35				16
19				37

꼭꼭 세 수의 뺄셈은 위에 있는 수에서 왼쪽과 오른쪽의 수를 뺀 차를 빈칸에 써넣습니다.

 빈칸에 알맞은 수를 써넣으시오.

(3)

−	91	84	−
25			45
16		32	36
37			19
28			27
29			15
18			47
39			36
26			48
19			56

세 수의 계산 1

◆ 빈칸에 알맞은 수를 써넣으시오.

(1)

+	38	19	+
29			27
34			36
17			52
23			14
47			28
32			23
16		70	35
50			15
38			43

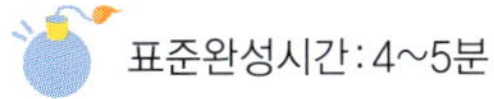

○ 빈칸에 알맞은 수를 써넣으시오.

(2)

—	82	93	—
23	48		11
28			27
35			18
14			23
27			15
36			20
29			24
18			27
30			18

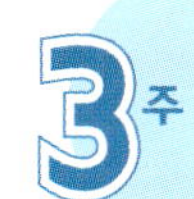

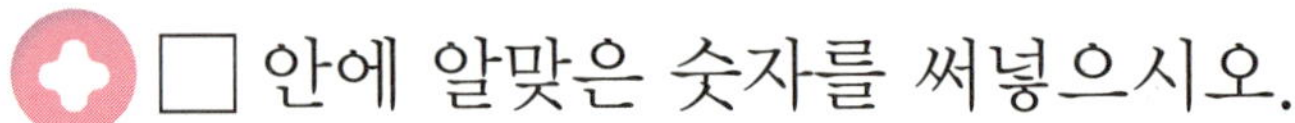

□ 안에 알맞은 숫자를 써넣으시오.

(1)

$$
\begin{array}{r}
3\ \square \\
+\ 2\ 8 \\
\hline
6\ 4 \\
+\ 1\ \square \\
\hline
8\ 2
\end{array}
$$

← ① □+8=14이므로 □=6입니다.

← ② 4+□=12이므로 □=8입니다.

(2)

$$
\begin{array}{r}
4\ 6 \\
+\ 2\ \square \\
\hline
7\ 0 \\
+\ 1\ \square \\
\hline
8\ 7
\end{array}
$$

(3)

$$
\begin{array}{r}
9\ 4 \\
-\ 2\ \square \\
\hline
6\ 6 \\
-\ 2\ \square \\
\hline
3\ 7
\end{array}
$$

(4)

$$
\begin{array}{r}
3\ \square \\
+\ 2\ 6 \\
\hline
6\ \square \\
+\ 1\ 3 \\
\hline
7\ 7
\end{array}
$$

(5)

$$
\begin{array}{r}
8\ \square \\
-\ 2\ 8 \\
\hline
5\ \square \\
-\ 1\ 9 \\
\hline
3\ 9
\end{array}
$$

 받아올림과 받아내림에 주의하여 □ 안의 수를 구하고, 차례로 □ 안의 수를 구할 수 없을 때에는 밑에서부터 거꾸로 □ 안의 수를 구합니다.

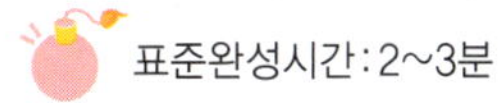

❁ ☐ 안에 알맞은 숫자를 써넣으시오.

(6)
```
    ☐ 4
  + 2 ☐
    8 1
  + 4 ☐
  1 2 9
```

(7)
```
    ☐ 3
  - 2 ☐
    5 6
  - 1 ☐
    3 7
```

(8)
```
    6 3
  + 2 ☐
    ☐ ☐
  + 4 3
  1 3 4
```

(9)
```
    9 1
  - 2 ☐
    ☐ ☐
  - 2 8
    3 6
```

(10)
```
    3 ☐
  + 4 7
    ☐ ☐
  + 5 6
  1 3 7
```

(11)
```
    7 ☐
  - 2 5
    ☐ ☐
  - 1 7
    3 5
```

○ □ 안에 알맞은 숫자를 써넣으시오.

(1)

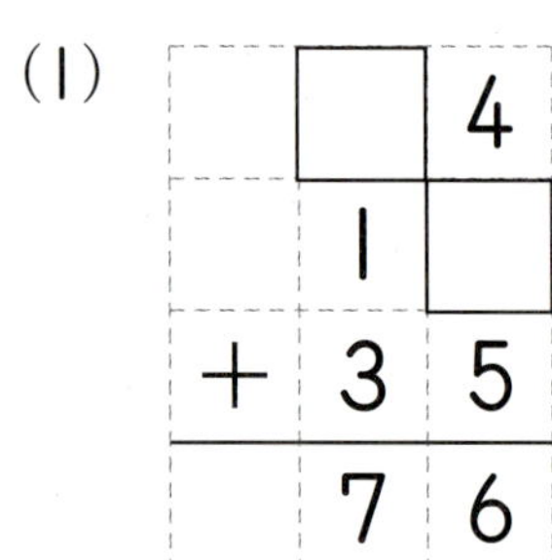

← ② 1+□+1+3=7이므로 □=2입니다.

← ① 4+□+5=6, 9+□=6에서 9>6이므로 일의
   자리 수끼리의 합이 10보다 큽니다.
   → 9+□=16, □=7입니다.

(2)

$$\begin{array}{r} \boxed{}\ 1 \\ 2\ \boxed{} \\ +\ 4\ 7 \\ \hline 8\ 0 \end{array}$$

(3)

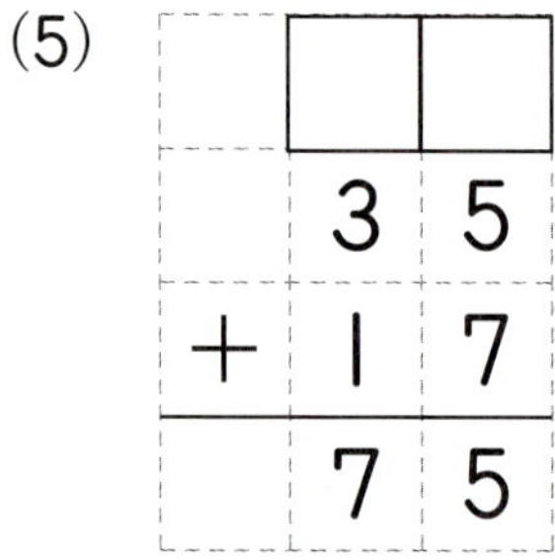

$$\begin{array}{r} \boxed{}\ 6 \\ 1\ \boxed{} \\ +\ 3\ 8 \\ \hline 8\ 0 \end{array}$$

(4)

$$\begin{array}{r} \boxed{}\ \boxed{} \\ 4\ 4 \\ +\ 9\ 9 \\ \hline 1\ 6\ 5 \end{array}$$

(5)

$$\begin{array}{r} \boxed{}\ \boxed{} \\ 3\ 5 \\ +\ 1\ 7 \\ \hline 7\ 5 \end{array}$$

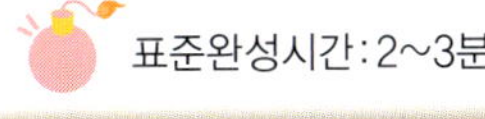

⬥ □ 안에 알맞은 숫자를 써넣으시오.

(6)
$$\begin{array}{r} \square\,\square \\ 2\;8 \\ +\;3\;6 \\ \hline 7\;9 \end{array}$$

(7)
$$\begin{array}{r} \square\,\square \\ 5\;4 \\ +\;3\;5 \\ \hline 1\;1\;1 \end{array}$$

(8)
$$\begin{array}{r} \square\;9 \\ 2\;\square \\ +\;1\;5 \\ \hline 7\;1 \end{array}$$

(9)
$$\begin{array}{r} \square\;2 \\ 2\;\square \\ +\;6\;8 \\ \hline 1\;3\;3 \end{array}$$

(10)
$$\begin{array}{r} \square\;3 \\ 4\;6 \\ +\;2\;\square \\ \hline 8\;3 \end{array}$$

(11)
$$\begin{array}{r} \square\;2 \\ 2\;5 \\ +\;4\;\square \\ \hline 1\;2\;3 \end{array}$$

 **4주** 세 수의 계산 2

 매일 학습이 끝나면 채점을 하고 체크표를 작성하여 나의 실력을 알아보세요.

차시	단계	공부한 날	잘 했나요?			
37차시		월 일	☺	☺	😑	😣
38차시		월 일	☺	☺	😑	😣
39차시		월 일	☺	☺	😑	😣
40차시	1단계	월 일	☺	☺	😑	😣
41차시		월 일	☺	☺	😑	😣
42차시		월 일	☺	☺	😑	😣
43차시		월 일	☺	☺	😑	😣
44차시		월 일	☺	☺	😑	😣
45차시	2단계	월 일	☺	☺	😑	😣
46차시		월 일	☺	☺	😑	😣
47차시	3단계	월 일	☺	☺	😑	😣
48차시		월 일	☺	☺	😑	😣

0~1 개이면 ☺ (아주 잘함)에, 2~3 개이면 ☺ (잘함)에,

4~5 개이면 😑 (보통)에, 6개 이상이면 😣 (노력 바람)에 색칠해 주세요.

만화로 개념 알아보기

받아올림, 받아내림이 있는 세 수의 덧셈과 뺄셈의 혼합 계산을 여러 가지 방법으로 해결하고 덧셈과 뺄셈의 기초를 다집니다.

뺄셈과 덧셈이 있는 식은 어떻게 계산하지?
먼저 54에서 27을 뺀 후 18을 더해.
54 ➖ 27 ➕ 18
27
45
앞에서부터 차례로 계산하면 돼.

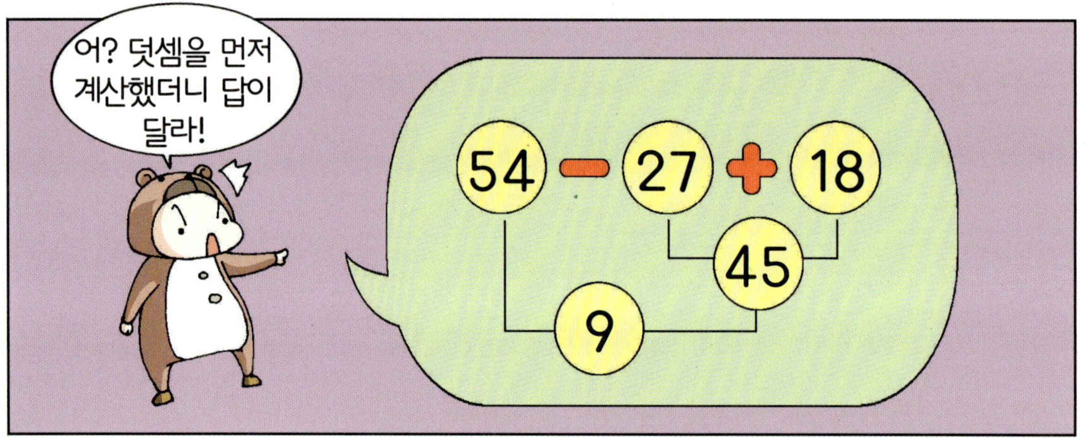
어? 덧셈을 먼저 계산했더니 답이 달라!
54 ➖ 27 ➕ 18
45
9

세 수의 뺄셈과 같이 계산 순서가 바뀌면 안돼~
➕ ➖
순서가 바뀌면 엉뚱한 결과가 나오게 되니까.
그렇구나~

$62 - 38 + 16 = 24 + 16 = 40\,(\bigcirc)$

　① $62 - 38 = 24$
　② $24 + 16 = 40$

앞에서부터 두 수씩 차례로 계산합니다.

$62 - 38 + 16 = 62 - 54 = 8\,(\times)$

　① $38 + 16 = 54$
　② $62 - 54 = 8$

$$\begin{array}{r} 6\ 2 \\ -\ 3\ 8 \\ \hline 2\ 4 \end{array} \qquad \begin{array}{r} 2\ 4 \\ +\ 1\ 6 \\ \hline 4\ 0 \end{array}$$

혼합 계산에서는 계산 순서를 바꾸면 결과가 달라집니다.

➕ 계산을 하시오.

(1) $32-16+28=16+28=\boxed{}$

　　　①　　　① $32-16=16$
　　　　②　　② $16+28=44$

(2) $54-27+19=\boxed{}+19=\boxed{}$

(3) $44-17+28=\boxed{}+28=\boxed{}$

(4) $36-18+36=$

(5) $76-27+18=$

(6) $34-19+26=$

(7) $49-17+19=$

(8) $66-28+79=$

 세 수의 덧셈과 뺄셈이 섞여 있는 식은 반드시 앞에서부터 차례로 두 수씩 계산합니다.

 계산을 하시오.

(9) $35+29-15=64-15=\boxed{}$

① $35+29=64$
② $64-15=49$

(10) $54+27-36=81-\boxed{}=\boxed{}$

(11) $16+27-35=43-\boxed{}=\boxed{}$

(12) $36+29-47=$

(13) $22+31-28=$

(14) $43+28-39=$

(15) $22+38-27=$

(16) $27+18-26=$

 계산을 하시오.

(1) $32 - 25 + 37 =$

(2) $54 + 17 - 36 =$

(3) $36 - 18 + 25 =$

(4) $37 + 29 - 16 =$

(5) $53 - 35 + 38 =$

(6) $73 + 18 - 37 =$

(7) $68 - 29 + 31 =$

(8) $28 + 38 - 55 =$

(9) $54 - 25 + 18 =$

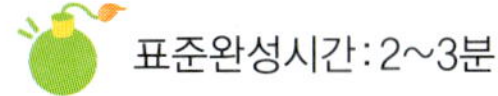  계산을 하시오.

(10) 37+19−26＝

(11) 72−38+19＝

(12) 28+44−57＝

(13) 54−27+16＝

(14) 18+26−19＝

(15) 25−16+37＝

(16) 43+17−36＝

(17) 56−29+45＝

(18) 23+28−17＝

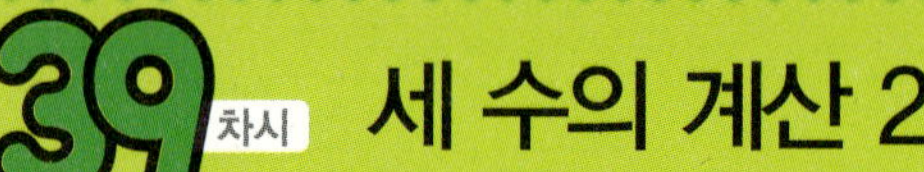 

○ 계산을 하시오.

(1) $42-27+36$

$$\begin{array}{r} 4\ 2 \\ -\ 2\ 7 \\ \hline \\ +\ 3\ 6 \\ \hline \end{array}$$

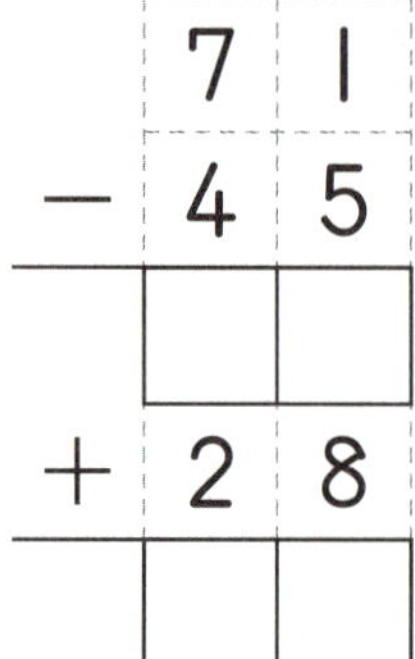

① 앞에서부터 두 수씩 세로셈으로 나타내어 차례로 계산합니다.
② $42-27=15$
③ $15+36=51$

(2) $36-17+26$

$$\begin{array}{r} 3\ 6 \\ -\ 1\ 7 \\ \hline \\ +\ 2\ 6 \\ \hline \end{array}$$

(3) $71-45+28$

$$\begin{array}{r} 7\ 1 \\ -\ 4\ 5 \\ \hline \\ +\ 2\ 8 \\ \hline \end{array}$$

(4) $56+15-38$

$$\begin{array}{r} 5\ 6 \\ +\ 1\ 5 \\ \hline \\ -\ 3\ 8 \\ \hline \end{array}$$

(5) $66+25-57$

$$\begin{array}{r} 6\ 6 \\ +\ 2\ 5 \\ \hline \\ -\ 5\ 7 \\ \hline \end{array}$$

 계산을 하시오.

(6) $37+15-26$

$$\begin{array}{r} 3\ 7 \\ +\ 1\ 5 \\ \hline \square\ \square \\ -\ 2\ 6 \\ \hline \square\ \square \end{array}$$

(7) $65-37+28$

$$\begin{array}{r} 6\ 5 \\ -\ 3\ 7 \\ \hline \square\ \square \\ +\ 2\ 8 \\ \hline \square\ \square \end{array}$$

(8) $42+19-35$

$$\begin{array}{r} 4\ 2 \\ +\ 1\ 9 \\ \hline \square\ \square \\ -\ 3\ 5 \\ \hline \square\ \square \end{array}$$

(9) $32-19+57$

$$\begin{array}{r} 3\ 2 \\ -\ 1\ 9 \\ \hline \square\ \square \\ +\ 5\ 7 \\ \hline \square\ \square \end{array}$$

(10) $27+46-38$

$$\begin{array}{r} 2\ 7 \\ +\ 4\ 6 \\ \hline \square\ \square \\ -\ 3\ 8 \\ \hline \square\ \square \end{array}$$

(11) $81-56+27$

$$\begin{array}{r} 8\ 1 \\ -\ 5\ 6 \\ \hline \square\ \square \\ +\ 2\ 7 \\ \hline \square\ \square \end{array}$$

40 차시 세 수의 계산 2

 계산을 하시오.

(1) $52-39+24$

```
   5 2
 - 3 9
───────
┌ ─ ─ ┐
└ ─ ─ ┘
 + 2 4
───────
┌ ─ ─ ┐
└ ─ ─ ┘
```

(2) $64+17-49$

```
   6 4
 + 1 7
───────
┌ ─ ─ ┐
└ ─ ─ ┘
 - 4 9
───────
┌ ─ ─ ┐
└ ─ ─ ┘
```

(3) $57-38+17$

```
   5 7
 - 3 8
───────
┌ ─ ─ ┐
└ ─ ─ ┘
 + 1 7
───────
┌ ─ ─ ┐
└ ─ ─ ┘
```

(4) $36+15-37$

```
   3 6
 + 1 5
───────
┌ ─ ─ ┐
└ ─ ─ ┘
 - 3 7
───────
┌ ─ ─ ┐
└ ─ ─ ┘
```

(5) $90-64+27$

```
   9 0
 - 6 4
───────
┌ ─ ─ ┐
└ ─ ─ ┘
 + 2 7
───────
┌ ─ ─ ┐
└ ─ ─ ┘
```

(6) $28+34-16$

```
   2 8
 + 3 4
───────
┌ ─ ─ ┐
└ ─ ─ ┘
 - 1 6
───────
┌ ─ ─ ┐
└ ─ ─ ┘
```

 계산을 하시오.

(7) $37+28-29$

$$\begin{array}{r} 3\ 7 \\ +\ 2\ 8 \\ \hline \\ -\ 2\ 9 \\ \hline \end{array}$$

(8) $75-37+29$

$$\begin{array}{r} 7\ 5 \\ -\ 3\ 7 \\ \hline \\ +\ 2\ 9 \\ \hline \end{array}$$

(9) $55+27-34$

$$\begin{array}{r} 5\ 5 \\ +\ 2\ 7 \\ \hline \\ -\ 3\ 4 \\ \hline \end{array}$$

(10) $64-38+27$

$$\begin{array}{r} 6\ 4 \\ -\ 3\ 8 \\ \hline \\ +\ 2\ 7 \\ \hline \end{array}$$

(11) $32+19-36$

$$\begin{array}{r} 3\ 2 \\ +\ 1\ 9 \\ \hline \\ -\ 3\ 6 \\ \hline \end{array}$$

(12) $33-18+25$

$$\begin{array}{r} 3\ 3 \\ -\ 1\ 8 \\ \hline \\ +\ 2\ 5 \\ \hline \end{array}$$

41 차시 세 수의 계산 2

❖ 계산을 하시오.

(1)

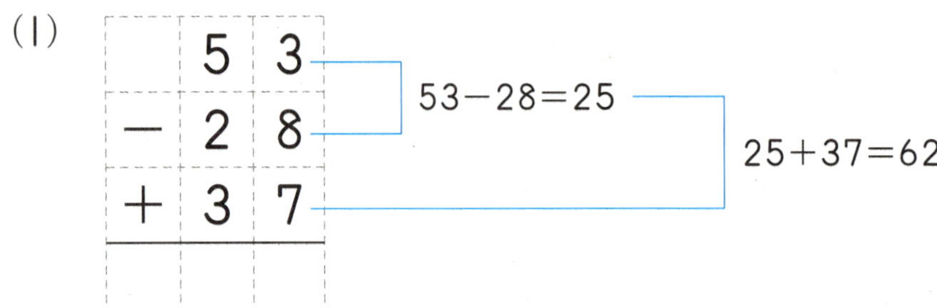

$$53-28=25$$
$$25+37=62$$

$$
\begin{array}{r}
5\ 3 \\
-\ 2\ 8 \\
+\ 3\ 7 \\
\hline
\end{array}
$$

(2)
$$
\begin{array}{r}
7\ 2 \\
-\ 3\ 4 \\
+\ 2\ 8 \\
\hline
\end{array}
$$

(3)
$$
\begin{array}{r}
1\ 6 \\
+\ 5\ 7 \\
-\ 3\ 5 \\
\hline
\end{array}
$$

(4)
$$
\begin{array}{r}
5\ 6 \\
-\ 3\ 8 \\
+\ 1\ 8 \\
\hline
\end{array}
$$

(5)
$$
\begin{array}{r}
4\ 3 \\
-\ 3\ 9 \\
+\ 2\ 8 \\
\hline
\end{array}
$$

(6)
$$
\begin{array}{r}
3\ 8 \\
+\ 2\ 4 \\
-\ 5\ 7 \\
\hline
\end{array}
$$

(7)
$$
\begin{array}{r}
7\ 3 \\
-\ 3\ 8 \\
+\ 1\ 4 \\
\hline
\end{array}
$$

세 수의 덧셈과 뺄셈이 섞여 있는 식은 앞에서부터 차례로 두 수씩 계산합니다. 식을 따로 쓰지 말고 두 수씩 암산으로 계산하도록 합니다.

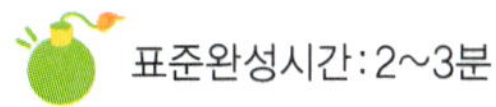

❖ 계산을 하시오.

(8)

$$
\begin{array}{r}
7\ 5 \\
-\ 3\ 8 \\
+\ 1\ 6 \\
\hline
\end{array}
$$

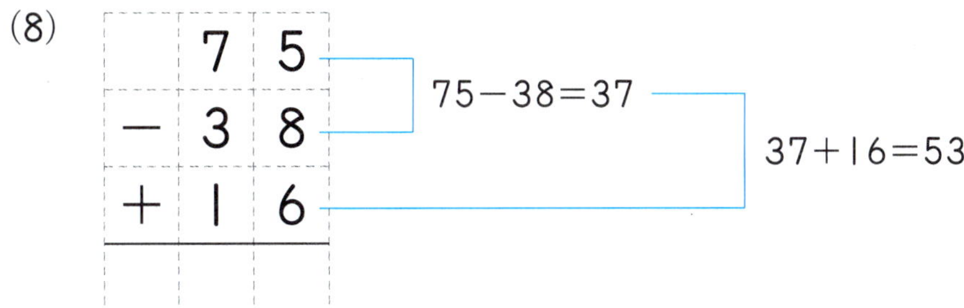

(9)

$$
\begin{array}{r}
3\ 6 \\
+\ 3\ 5 \\
-\ 2\ 7 \\
\hline
\end{array}
$$

(10)

$$
\begin{array}{r}
5\ 5 \\
-\ 4\ 8 \\
+\ 2\ 6 \\
\hline
\end{array}
$$

(11)

$$
\begin{array}{r}
3\ 5 \\
+\ 2\ 6 \\
-\ 3\ 9 \\
\hline
\end{array}
$$

(12)

$$
\begin{array}{r}
5\ 2 \\
+\ 2\ 9 \\
-\ 3\ 5 \\
\hline
\end{array}
$$

(13)

$$
\begin{array}{r}
9\ 1 \\
-\ 6\ 5 \\
+\ 3\ 4 \\
\hline
\end{array}
$$

(14)

$$
\begin{array}{r}
4\ 3 \\
+\ 2\ 8 \\
-\ 4\ 6 \\
\hline
\end{array}
$$

(15)

$$
\begin{array}{r}
2\ 7 \\
+\ 3\ 8 \\
-\ 5\ 6 \\
\hline
\end{array}
$$

(16)

$$
\begin{array}{r}
7\ 2 \\
-\ 3\ 3 \\
+\ 5\ 8 \\
\hline
\end{array}
$$

(17)

$$
\begin{array}{r}
5\ 6 \\
+\ 2\ 5 \\
-\ 3\ 8 \\
\hline
\end{array}
$$

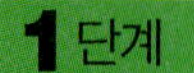

○ 계산을 하시오.

(1)
```
   7 3
 - 2 7
 + 1 8
 ______
```

(2)
```
   4 3
 - 3 8
 + 2 3
 ______
```

(3)
```
   6 1
 - 3 5
 + 2 6
 ______
```

(4)
```
   5 3
 + 2 9
 - 6 7
 ______
```

(5)
```
   3 5
 + 2 7
 - 4 6
 ______
```

(6)
```
   2 7
 + 4 8
 - 3 9
 ______
```

(7)
```
   3 4
 - 1 8
 + 3 6
 ______
```

(8)
```
   4 1
 - 2 5
 + 3 7
 ______
```

(9)
```
   8 2
 - 5 4
 + 2 8
 ______
```

(10)
```
   3 5
 + 4 8
 - 6 7
 ______
```

(11)
```
   6 3
 + 2 4
 - 4 9
 ______
```

(12)
```
   2 3
 + 4 9
 - 5 8
 ______
```

계산을 하시오.

(13)
```
   6 1
 - 4 9
 + 2 4
───────
```

(14)
```
   5 2
 - 2 8
 + 4 6
───────
```

(15)
```
   4 6
 - 3 7
 + 1 8
───────
```

(16)
```
   2 3
 + 2 8
 - 3 5
───────
```

(17)
```
   5 6
 + 2 5
 - 6 8
───────
```

(18)
```
   3 5
 + 4 7
 - 5 8
───────
```

(19)
```
   4 5
 - 2 6
 + 3 7
───────
```

(20)
```
   3 4
 - 2 8
 + 4 9
───────
```

(21)
```
   8 2
 - 3 9
 + 2 4
───────
```

(22)
```
   4 5
 + 1 8
 - 3 9
───────
```

(23)
```
   5 3
 + 3 9
 - 4 5
───────
```

(24)
```
   3 9
 + 2 2
 - 4 7
───────
```

43 차시 세 수의 계산 2

 계산을 하시오.

(1) $51-24+39$

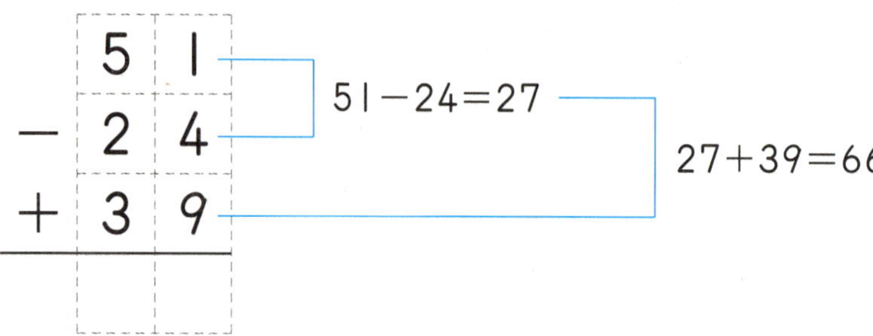

(2) $27-18+35$

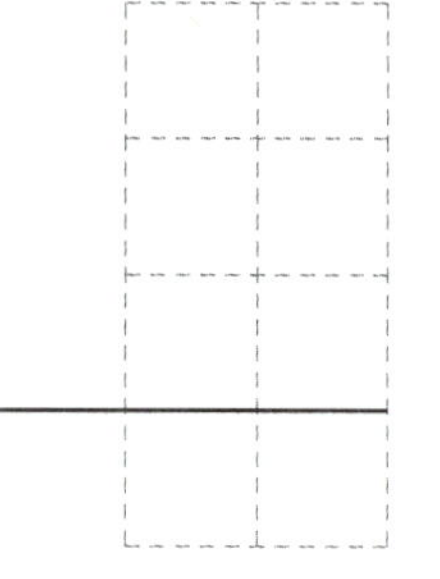

(3) $27+36-29$

(4) $61-45+27$

(5) $37+26-49$

 가로셈을 세로셈으로 고쳐 계산할 때에는 자리를 잘 맞추어 쓴 후 차례로 계산합니다.
식을 따로 쓰지 말고 두 수씩 암산으로 계산하도록 합니다.

계산을 하시오.

E3

(6) $47-39+27$

(7) $23+19-27$

(8) $34-29+46$

(9) $35+26-47$

(10) $62-45+17$

(11) $25+46-38$

✚ 빈칸에 알맞은 수를 써넣으시오.

(1)

−	72	53	64	+
49	50			27
47				38
36				21

(2)

−	63	51	54	+
35	56			28
46				19
39				27

 위에 있는 수에서 왼쪽에 있는 수를 뺀 다음, 오른쪽에 있는 수를 더합니다. 처음에는 식을 써서 계산하나 점차 식을 쓰지 않도록 합니다.

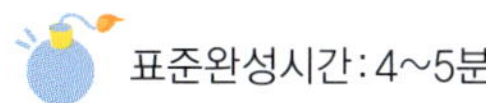

○ 빈칸에 알맞은 수를 써넣으시오.

(3)

−	61	82	+
48			36
17			18
45			39
38			27
45			36
29			30
26		81	25
28			17
48			28

45 차시 세 수의 계산 2

2단계

빈칸에 알맞은 수를 써넣으시오.

(1)

+	28	53	37	−
28	10			46
34				38
17				27

(2)

+	34	45	33	−
29	45			18
47				29
38				36

꼭꼭 위에 있는 수에 왼쪽에 있는 수를 더한 다음, 오른쪽에 있는 수를 뺍니다. 처음에는 식을 써서 계산하나 점차 식을 쓰지 않도록 합니다.

💠 빈칸에 알맞은 수를 써넣으시오.

(3)

+	26	37	−
48	39		35
55			29
36			19
17			25
58			36
19			23
29			32
45			24
37			18

빈칸에 알맞은 수를 써넣으시오.

(1)

+	26	28	−
47	27		46
25			29
37			38
24			27
37			45
26			30
19		19	28
38			17
36			27

 빈칸에 알맞은 수를 써넣으시오.

(2)

−	70	80	+
26	82		38
48			53
25			36
14			28
27			34
36			20
29			18
18			27
32			35

✿　□ 안에 알맞은 숫자를 써넣으시오.

(1)

$$\begin{array}{r} 3\ \square \\ -\ 1\ 8 \\ \hline 1\ 8 \\ +\ 3\ \square \\ \hline 5\ 3 \end{array}$$

← ① 10+□−8=8이므로 □=6입니다.

← ② 8+□=13이므로 □=5입니다.

(2)

$$\begin{array}{r} 4\ \square \\ -\ 2\ 9 \\ \hline 1\ 7 \\ +\ 2\ \square \\ \hline 4\ 4 \end{array}$$

(3)

$$\begin{array}{r} 5\ \square \\ +\ 1\ 8 \\ \hline 7\ 6 \\ -\ 4\ \square \\ \hline 2\ 7 \end{array}$$

(4)

$$\begin{array}{r} 6\ 8 \\ -\ 1\ \square \\ \hline 4\ 9 \\ +\ 3\ \square \\ \hline 8\ 3 \end{array}$$

(5)

$$\begin{array}{r} 2\ 6 \\ +\ 4\ \square \\ \hline 7\ 2 \\ -\ 1\ \square \\ \hline 5\ 4 \end{array}$$

 받아올림과 받아내림에 주의하여 □ 안의 수를 구하고, 차례로 □ 안의 수를 구할 수 없을 때에는 밑에서부터 거꾸로 □ 안의 수를 구합니다.

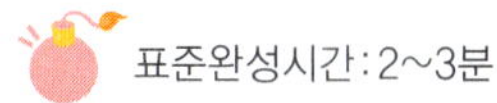

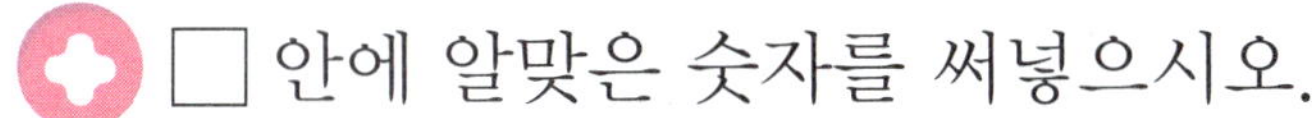

□ 안에 알맞은 숫자를 써넣으시오.

(6)
$$\begin{array}{r} \square\ 1 \\ -\ 2\ \square \\ \hline 2\ 5 \\ +\ 5\ \square \\ \hline 8\ 3 \end{array}$$

(7)
$$\begin{array}{r} \square\ 8 \\ +\ 2\ \square \\ \hline 6\ 5 \\ -\ 3\ \square \\ \hline 3\ 0 \end{array}$$

(8)
$$\begin{array}{r} 6\ 3 \\ -\ 2\ \square \\ \hline \square\ \square \\ +\ 2\ 5 \\ \hline 6\ 2 \end{array}$$

(9)
$$\begin{array}{r} 4\ 9 \\ +\ 2\ \square \\ \hline \square\ \square \\ -\ 3\ 8 \\ \hline 3\ 8 \end{array}$$

(10)
$$\begin{array}{r} 3\ \square \\ -\ 1\ 7 \\ \hline \square\ \square \\ +\ 4\ 6 \\ \hline 6\ 3 \end{array}$$

(11)
$$\begin{array}{r} 3\ \square \\ +\ 4\ 5 \\ \hline \square\ \square \\ -\ 5\ 7 \\ \hline 2\ 5 \end{array}$$

❖ □ 안에 알맞은 숫자를 써넣으시오.

(1)
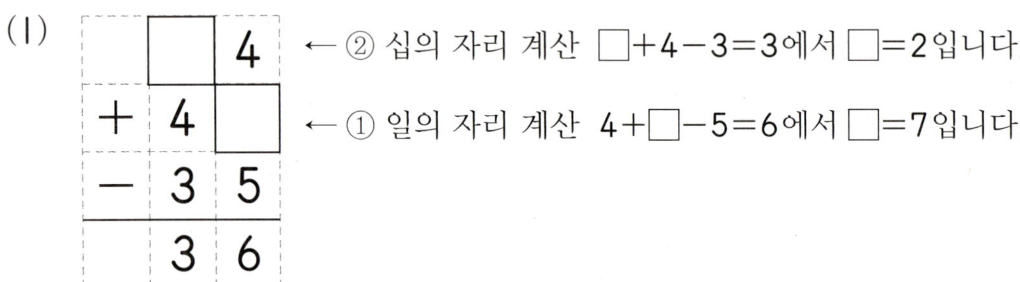

← ② 십의 자리 계산 □+4−3=3에서 □=2입니다.

← ① 일의 자리 계산 4+□−5=6에서 □=7입니다.

(2)
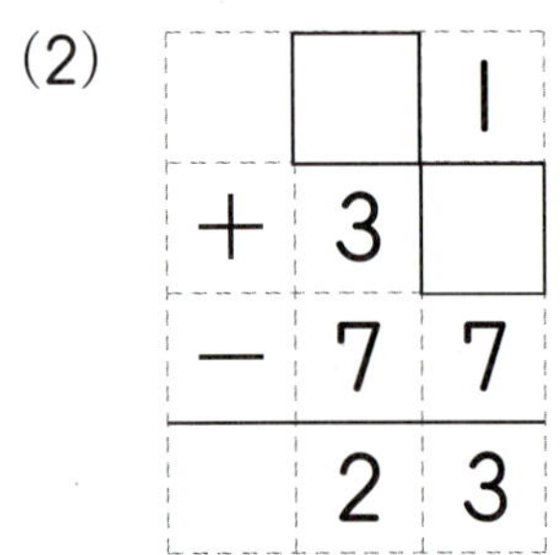

(3)

(4)

(5)

(6)
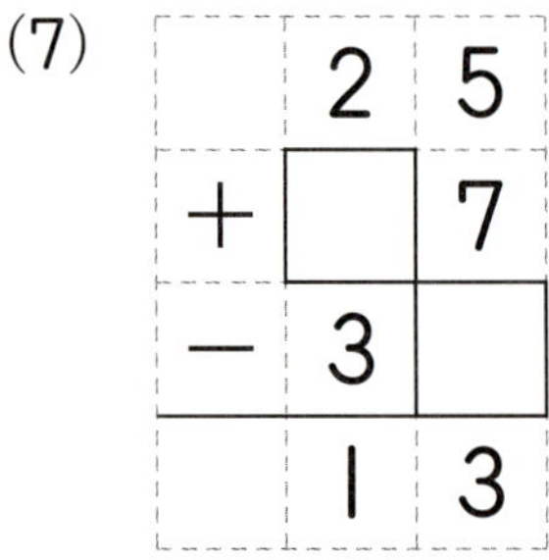

(7)

✿ □ 안에 알맞은 숫자를 써넣으시오.

(8)

$$\begin{array}{r} \square\,\square \\ +\ 5\ 6 \\ -\ 2\ 8 \\ \hline 7\ 3 \end{array}$$

(9)

$$\begin{array}{r} \square\,\square \\ +\ 2\ 4 \\ -\ 5\ 5 \\ \hline 1\ 7 \end{array}$$

(10)

$$\begin{array}{r} \square\ 9 \\ +\ 5\ \square \\ -\ 4\ 7 \\ \hline 3\ 7 \end{array}$$

(11)

$$\begin{array}{r} \square\ 6 \\ +\ 3\ \square \\ -\ 6\ 8 \\ \hline 1\ 3 \end{array}$$

(12)

$$\begin{array}{r} \square\ 9 \\ +\ 2\ 4 \\ -\ 3\ \square \\ \hline 4\ 7 \end{array}$$

(13)

$$\begin{array}{r} \square\ 7 \\ +\ 3\ 5 \\ -\ 6\ \square \\ \hline 2\ 6 \end{array}$$

(14)

$$\begin{array}{r} 7\ \square \\ +\ \square\ 7 \\ -\ 2\ 4 \\ \hline 8\ 8 \end{array}$$

(15)

$$\begin{array}{r} 3\ \square \\ +\ \square\ 6 \\ -\ 3\ 9 \\ \hline 4\ 5 \end{array}$$

종합 평가 E3

 계산을 하시오.

(1)
$$\begin{array}{r} 73 \\ -\ 26 \\ \hline \end{array}$$

(2)
$$\begin{array}{r} 76 \\ -\ 47 \\ \hline \end{array}$$

(3)
$$\begin{array}{r} 84 \\ -\ 49 \\ \hline \end{array}$$

(4)
$$\begin{array}{r} 52 \\ -\ 29 \\ \hline \end{array}$$

(5)
$$\begin{array}{r} 47 \\ -\ 38 \\ \hline \end{array}$$

(6)
$$\begin{array}{r} 64 \\ -\ 36 \\ \hline \end{array}$$

(7)
$$\begin{array}{r} 64 \\ -\ 26 \\ \hline \end{array}$$

(8)
$$\begin{array}{r} 77 \\ -\ 58 \\ \hline \end{array}$$

(9)
$$\begin{array}{r} 55 \\ -\ 38 \\ \hline \end{array}$$

(10)
$$\begin{array}{r} 82 \\ -\ 57 \\ \hline \end{array}$$

(11)
$$\begin{array}{r} 46 \\ -\ 18 \\ \hline \end{array}$$

(12)
$$\begin{array}{r} 30 \\ -\ 11 \\ \hline \end{array}$$

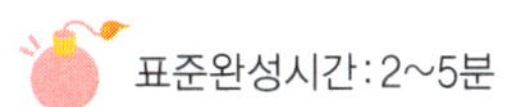

틀린 개수	0~1	2~4	5~9	10개 이상
평가	아주 잘함	잘함	보통	노력 바람

채점을 하고, 틀린 개수에 맞게 ○하세요

계산을 하시오.

(13) $71-33=$　　　　(14) $42-25=$

(15) $52-18=$　　　　(16) $55-38=$

(17) $84-37=$　　　　(18) $80-29=$

(19) $74-26=$　　　　(20) $84-27=$

(21) $93-44=$　　　　(22) $90-11=$

(23) $75-16=$　　　　(24) $92-87=$

(25) $57-29=$　　　　(26) $85-46=$

(27) $63-15=$　　　　(28) $71-19=$

(29) $62-58=$　　　　(30) $51-26=$

◆ 계산을 하시오.

(31)
$$\begin{array}{r} 3\ 1 \\ +\ 4\ 9 \\ +\ 2\ 4 \\ \hline \end{array}$$

(32)
$$\begin{array}{r} 5\ 6 \\ +\ 2\ 8 \\ +\ 4\ 6 \\ \hline \end{array}$$

(33)
$$\begin{array}{r} 9\ 3 \\ -\ 2\ 8 \\ -\ 3\ 5 \\ \hline \end{array}$$

(34)
$$\begin{array}{r} 8\ 6 \\ -\ 2\ 5 \\ -\ 4\ 8 \\ \hline \end{array}$$

(35)
$$\begin{array}{r} 4\ 5 \\ -\ 2\ 6 \\ +\ 3\ 7 \\ \hline \end{array}$$

(36)
$$\begin{array}{r} 3\ 4 \\ -\ 2\ 8 \\ +\ 4\ 9 \\ \hline \end{array}$$

(37) $16+15+29=$

(38) $73-16-25=$

(39) $23+18-26=$

(40) $63-17+15=$

(41) $47+25-36=$

(42) $82-14+29=$

정답 및 지도서

자르는 선을 따라 잘라 보관하여, 채점할 때 사용하세요.

1주 받아내림이 있는 (두 자리 수)−(두 자리 수) 1

지도 방법

1. 받아내림이 있는 (두 자리 수)−(두 자리 수)의 학습을 하기 전에 두 자리 수의 범위에서 받아내림이 없는 뺄셈과 받아내림이 있는 (두 자리 수)−(한 자리 수)의 학습이 충분히 되어 있는지 확인해 주세요.

2. 받아내림이 있는 두 자리 수의 뺄셈도 일의 자리부터 차례로 계산하고, 일의 자리 숫자끼리 뺄 수 없을 때에는 십의 자리에서 10을 받아내림하여 계산하도록 지도합니다.

3. 일상 생활에서 접하게 되는 여러 가지 상황 중에서 뺄셈을 활용하여 해결해야 하는 상황들이 많습니다. 어린이들이 뺄셈에 흥미를 가질 수 있도록 연관시켜 재미있게 이야기 해 줍니다.

1차시

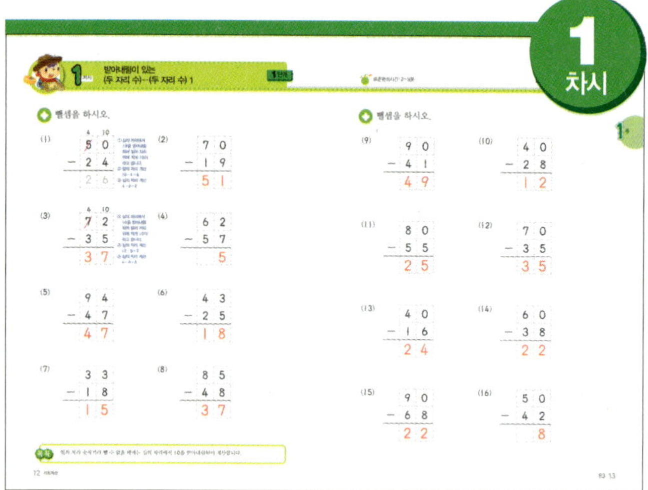

12 ~ 13쪽

일의 자리 숫자끼리 뺄 수 없을 때에는 십의 자리에서 1을 받아내림하여 10으로 계산합니다.

2차시

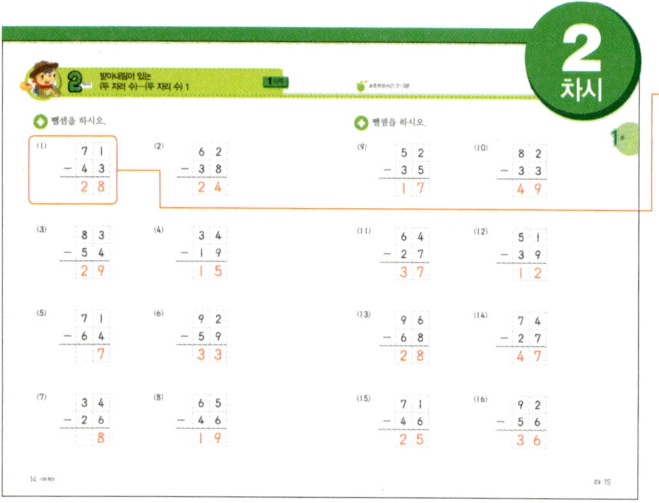

14 ~ 15쪽

① 1에서 3을 뺄 수 없으므로 십의 자리에서 1을 받아내림하여 일의 자리 위에 작게 10이라고 씁니다.

② 일의 자리 계산
$$11-3=8$$

③ 십의 자리 계산
$$7-1-4=2$$

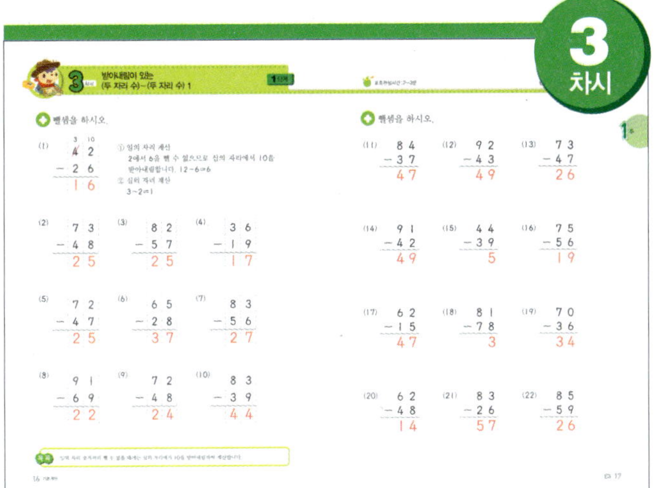

일의 자리 숫자끼리 뺄 수 없을 때에는 십의 자리에서 1을 받아 내림하여 10으로 계산합니다.

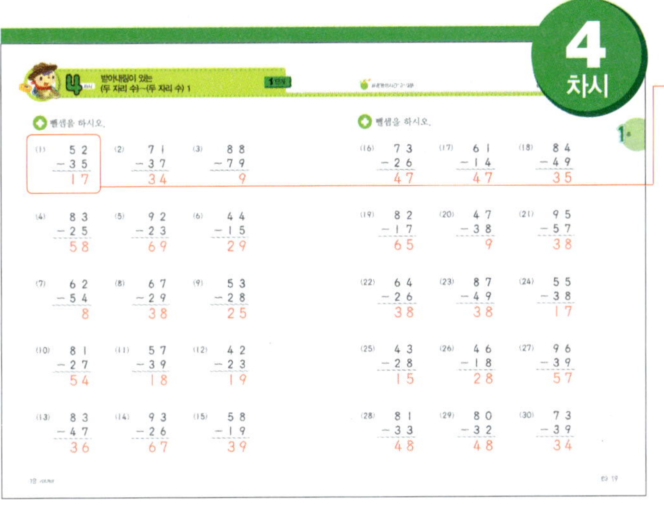

① 일의 자리 계산

2에서 5를 뺄 수 없으므로 십의 자리에서 1을 받아내림합니다.

$12 - 5 = 7$

② 십의 자리 계산

$5 - 1 - 3 = 1$

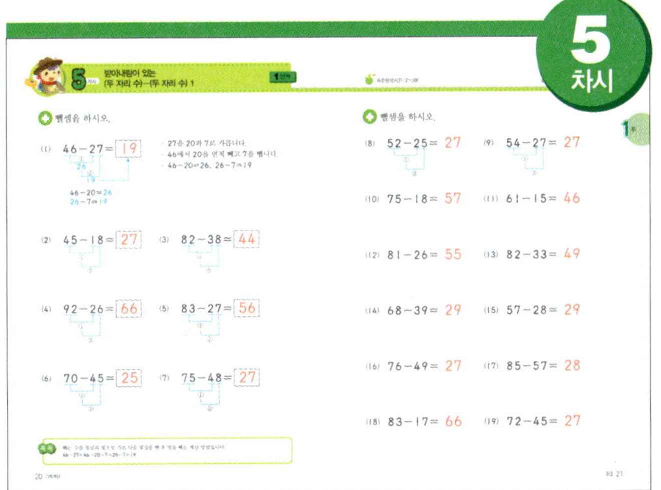

빼는 수를 몇십과 몇으로 가른 다음 몇십을 뺀 후 몇을 빼는 계산 방법입니다.

6차시

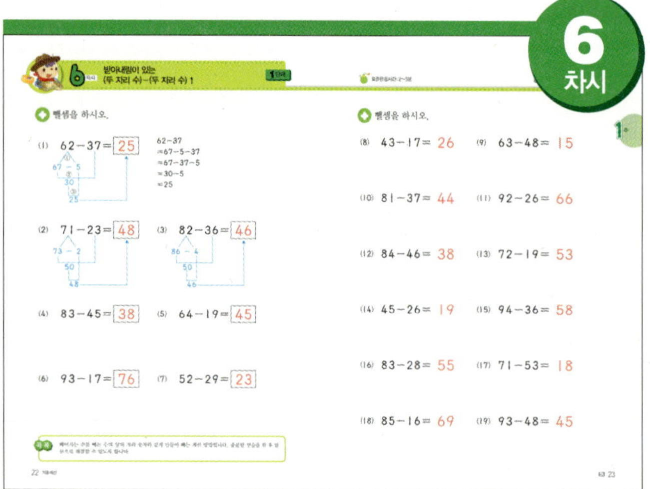

22~23쪽

빼어지는 수의 일의 자리 숫자를 빼는 수의 일의 자리 숫자와 같게 만들어 빼는 계산 방법입니다. 충분한 연습을 한 후 암산으로 해결할 수 있도록 합니다.

7차시

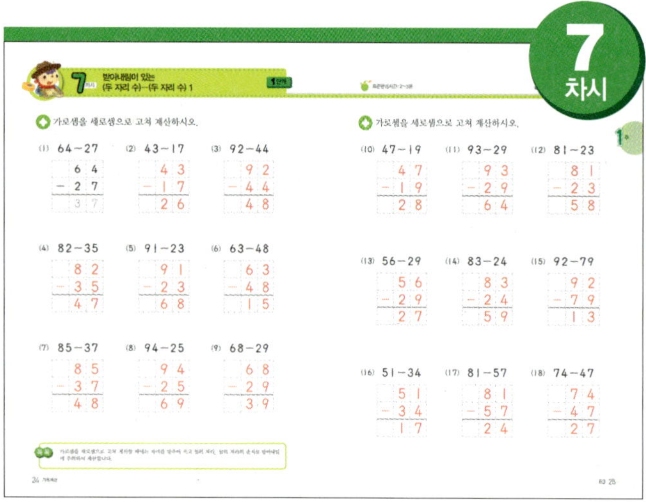

24~25쪽

가로셈을 세로셈으로 고쳐 계산할 때에는 자리를 맞추어 쓰고 일의 자리, 십의 자리의 순서로 받아내림에 주의하여 계산합니다.

8차시

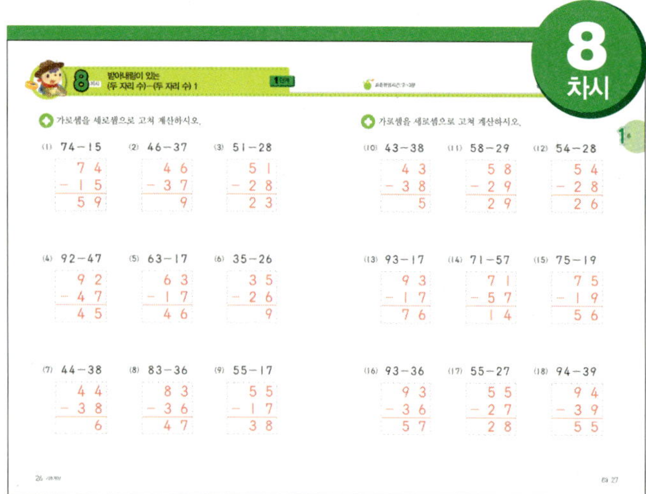

26~27쪽

받아내림이 있는 뺄셈의 계산은 가로셈보다 세로셈으로 계산하는 것이 더 편리합니다.

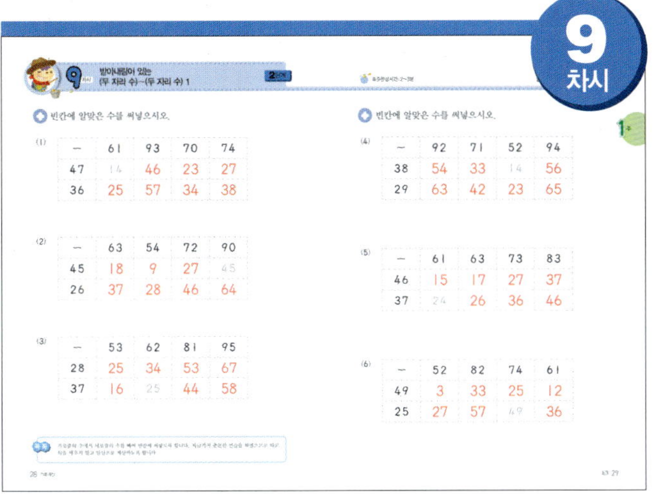

9차시 받아내림이 있는 (두 자리 수)−(두 자리 수) 1 2단계

○ 빈칸에 알맞은 수를 써넣으시오.

(1)

−	61	93	70	74
47	14	46	23	27
36	25	57	34	38

(2)

−	63	54	72	90
45	18	9	27	45
26	37	28	46	64

(3)

−	53	62	81	95
28	25	34	53	67
37	16	25	44	58

○ 빈칸에 알맞은 수를 써넣으시오.

(4)

−	92	71	52	94
38	54	33	14	56
29	63	42	23	65

(5)

−	61	63	73	83
46	15	17	27	37
37	24	26	36	46

(6)

−	52	82	74	61
49	3	33	25	12
25	27	57	49	36

28~29쪽

가로줄의 수에서 세로줄의 수를 빼어 빈칸에 써넣도록 합니다. 지금까지 충분한 연습을 하였으므로 따로 식을 세우지 말고 암산으로 계산하도록 합니다.

10차시 받아내림이 있는 (두 자리 수)−(두 자리 수) 1 2단계

○ 빈칸에 알맞은 수를 써넣으시오.

(1)

−	72
27	45
18	54
46	26
29	43
36	36

(2)

−	75
29	46
37	38
48	27
16	59
27	48

(3)

−	53
35	18
16	37
28	25
39	14
18	35

(4)

−	82
35	47
19	63
26	56
43	39
57	25

○ 빈칸에 알맞은 수를 써넣으시오.

(5)

91	94	95	98
−9	−7	−5	−9
82	87	90	89
−19	−19	−15	−16
63	68	75	73
−18	−15	−18	−15
45	53	57	58
−17	−16	−19	−14
28	37	38	44
−16	−19	−16	−19
12	18	22	25

30~31쪽

지금까지의 학습이 충분히 되어 있으면 식을 따로 세우지 말고 암산으로 계산할 수 있도록 연습합니다.

11 차시

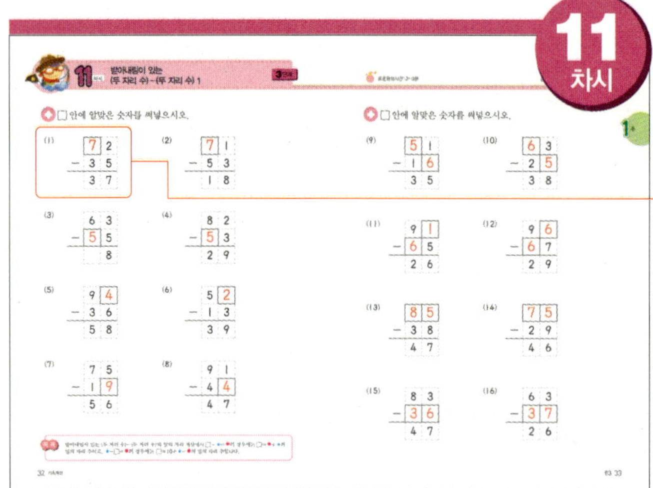

32~33쪽

2에서 5를 뺄 수 없으므로 십의 자리에서 받아내림하였습니다.
12-5=7
□-1-3=3이므로
□=7입니다.

12 차시

34~35쪽

2-□=5가 될 수 없으므로 십의 자리에서 1을 받아내림 하였습니다.
① 일의 자리 계산
12-□=5 → □=7
② 십의 자리 계산
8-1-□=6 → □=1

2주 받아내림이 있는 (두 자리 수)−(두 자리 수) 2

지도 방법

① 받아내림이 있는 (두 자리 수)−(두 자리 수)의 학습을 하기 전에 두 자리 수의 범위에서 받아내림이 없는 뺄셈과 받아내림이 있는 (두 자리 수)−(한 자리 수)의 학습이 충분히 되어 있는지 확인해 주세요.

② 받아내림이 있는 두 자리 수의 뺄셈도 일의 자리부터 차례로 계산하고, 일의 자리 숫자끼리 뺄 수 없을 때에는 십의 자리에서 10을 받아내림하여 계산하도록 지도합니다.

③ 생활 속에서 계산을 해야 할 경우를 매우 많이 접하게 되는데, 이럴 때마다 연필이나 종이를 꺼내어 계산하면 매우 불편합니다. 간단한 계산은 머릿속으로 정확하게 계산하는 능력을 기르도록 합니다.

13 차시

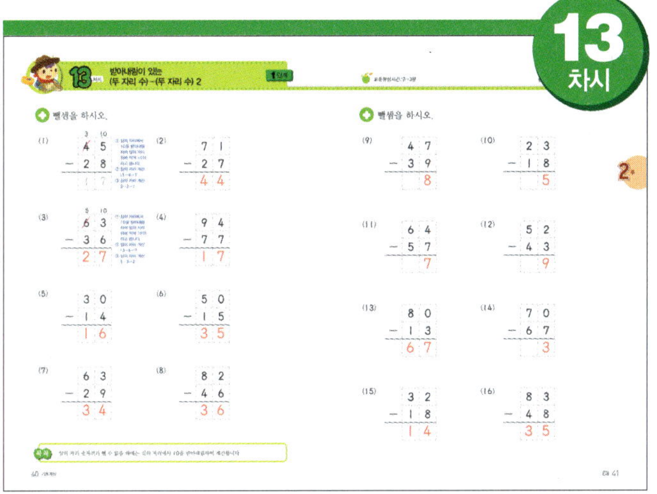

40 ~ 41쪽

일의 자리 숫자끼리 뺄 수 없을 때에는 십의 자리에서 1을 받아내림하여 10으로 계산합니다.

14 차시

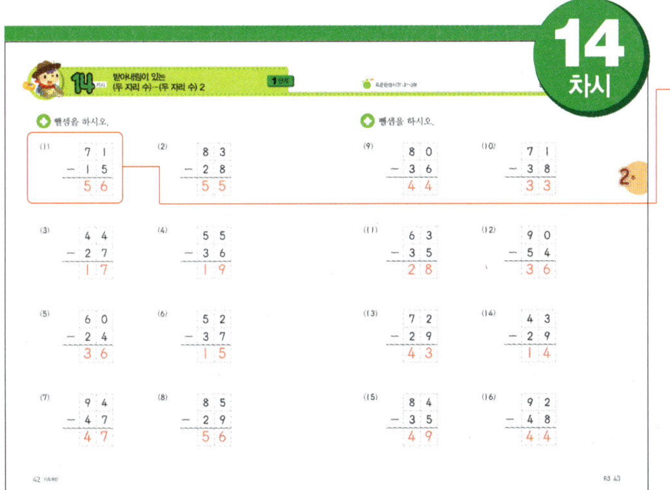

42 ~ 43쪽

① 십의 자리에서 1을 받아내림하여 일의 자리 위에 작게 10이라고 씁니다.
② 일의 자리 계산
 $11-5=6$
③ 십의 자리 계산
 $7-1-1=5$

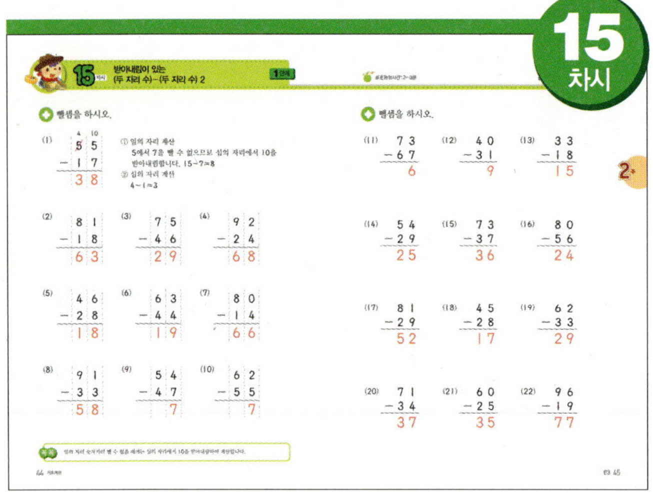

일의 자리 숫자끼리 뺄 수 없을 때에는 십의 자리에서 1을 받아내림하여 10으로 계산합니다.

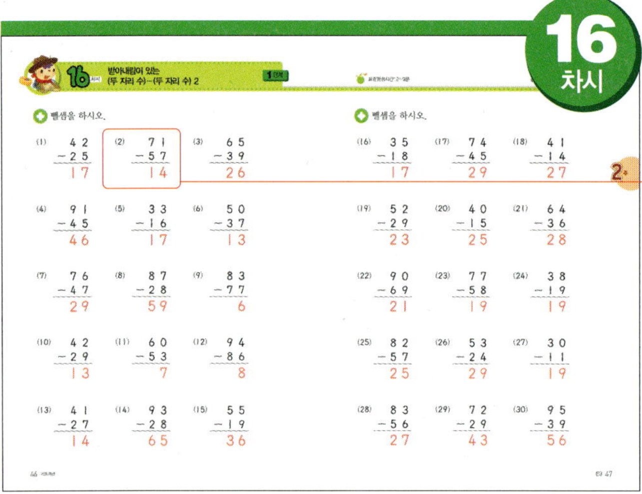

① 일의 자리 계산
  1에서 7을 뺄 수 없으므로 십의 자리에서 10을 받아내림합니다.
  $11-7=4$
② 십의 자리 계산
  $7-1-5=1$

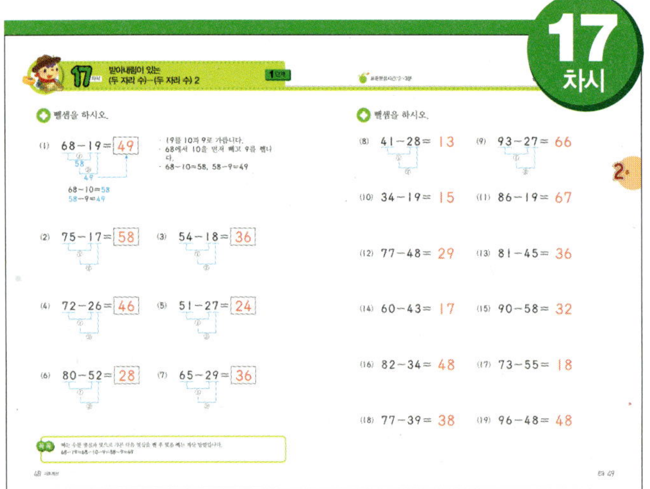

빼는 수를 몇십과 몇으로 가른 다음 몇십을 뺀 후 몇을 빼는 계산 방법입니다.

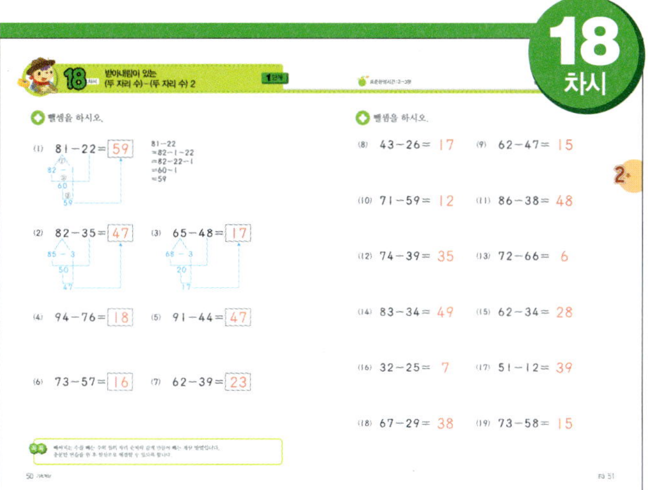

- 빼어지는 수의 일의 자리 숫자를 빼는 수의 일의 자리 숫자와 같게 만들어 빼는 계산 방법입니다.
- 충분한 연습을 한 후 암산으로 해결할 수 있도록 합니다.

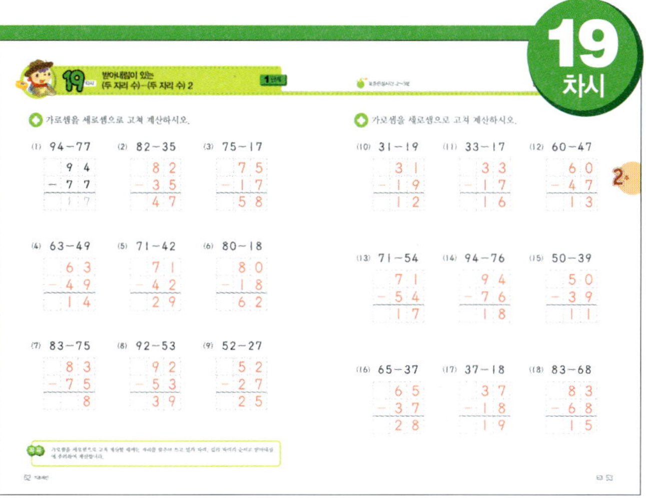

가로셈을 세로셈으로 고쳐 계산할 때에는 자리를 맞추어 쓰고 일의 자리, 십의 자리의 순서로 받아내림에 주의하여 계산합니다.

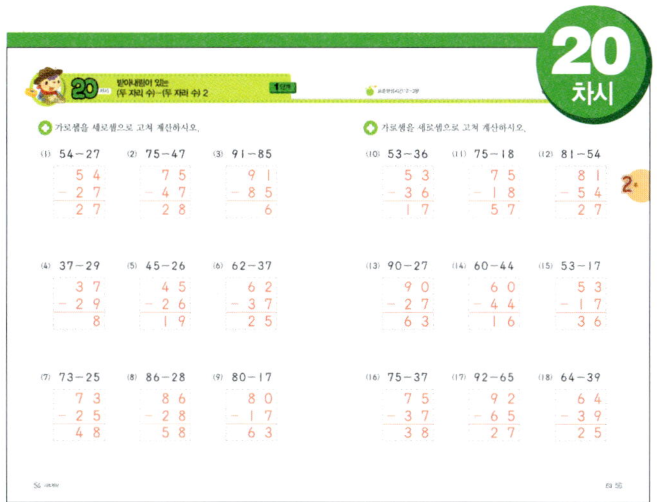

받아내림이 있는 두 자리 수끼리의 뺄셈은 가로셈을 세로셈으로 고쳐서 계산하면 편리합니다.

21차시 받아내림이 있는 (두 자리 수)−(두 자리 수) 2

빈칸에 알맞은 수를 써넣으시오.

(1)

−	46	90	81	60
38	8	52	43	22
29	17	61	52	31

(2)

−	82	75	84	61
39	43	36	45	22
18	64	57	66	43

(3)

−	92	54	61	73
15	77	39	46	58
36	56	18	25	37

빈칸에 알맞은 수를 써넣으시오.

(4)

−	50	82	70	95
18	32	64	52	77
36	14	46	34	59

(5)

−	83	76	91	64
29	54	47	62	35
37	46	39	54	27

(6)

−	42	75	83	64
29	13	46	54	35
17	25	58	66	47

가로줄의 수에서 세로줄의 수를 빼어 빈칸에 써넣도록 합니다. 지금까지 충분한 연습을 하였으므로 따로 식을 세우지 말고 암산으로 계산하도록 합니다.

22차시 받아내림이 있는 (두 자리 수)−(두 자리 수) 2

빈칸에 알맞은 수를 써넣으시오.

(1)

−	80
15	65
36	44
27	53
28	52
19	61

(2)

−	74
19	55
25	49
37	37
28	46
56	18

(3)

−	53
39	14
18	35
47	6
35	18
26	27

(4)

−	91
32	59
15	76
26	65
53	38
47	44

빈칸에 알맞은 수를 써넣으시오.

(5)

99	96	94	95
−19	−17	−16	−18
80	79	78	77
−17	−18	−15	−16
63	61	63	61
−18	−17	−18	−15
45	44	45	46
−17	−19	−19	−14
28	25	26	32
−16	−18	−17	−19
12	7	9	13

식을 따로 세우지 말고 암산으로 계산할 수 있도록 연습합니다. 어려워 하는 경우 앞의 내용을 반복합니다.

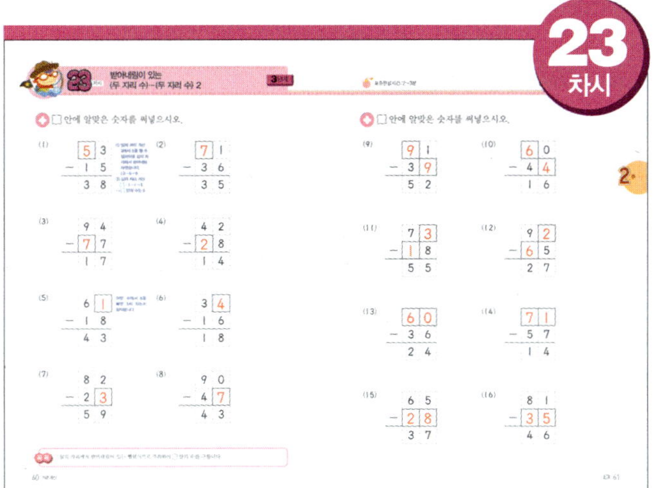

십의 자리에서 받아내림이 있는
뺄셈이므로 주의하여 □ 안의
수를 구합니다.

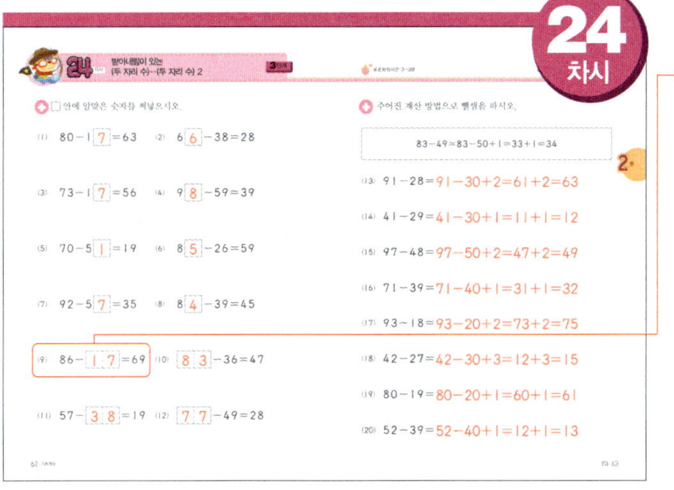

6−□=9가 될 수 없으므로 십
의 자리에서 1을 받아내림하여
계산하였습니다.
① 일의 자리 계산
16−□=9 → □=7
② 십의 자리 계산
8−1−□=6 → □=1

3주 세 수의 계산 1

지도 방법

1. 받아올림과 받아내림이 있는 세 수의 덧셈과 뺄셈의 학습을 하기 전에 받아올림과 받아내림이 있는 두 수의 덧셈과 뺄셈에 관한 학습이 충분히 되어 있는지 확인해 주세요.
2. 세 수의 덧셈은 앞에서부터 두 수씩 차례로 더하거나 순서를 바꾸어 더하거나 계산하기 쉬운 두 수를 먼저 더하거나 세 수를 한꺼번에 더하여도 되지만, 세 수의 뺄셈은 반드시 앞에서부터 두 수씩 차례로 계산하도록 지도합니다.
3. 세 수의 계산을 어려워 하는 것은 두 수의 계산이 확실히 정립되지 않았기 때문이므로 앞 단원에 있는 두 수의 계산을 확실히 해결할 수 있도록 합니다.

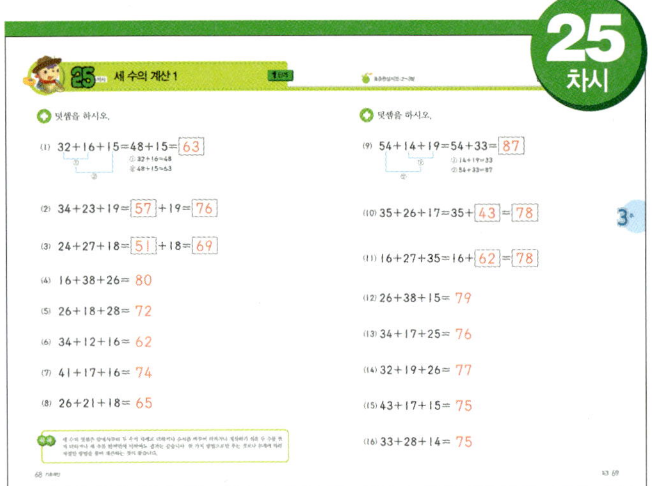

68~69쪽

세 수의 덧셈은 더하는 순서에 상관없이 계산 결과가 같습니다. 한 가지 방법으로만 푸는 것보다 문제에 따라 적절한 방법을 찾아 계산하는 것이 좋습니다.

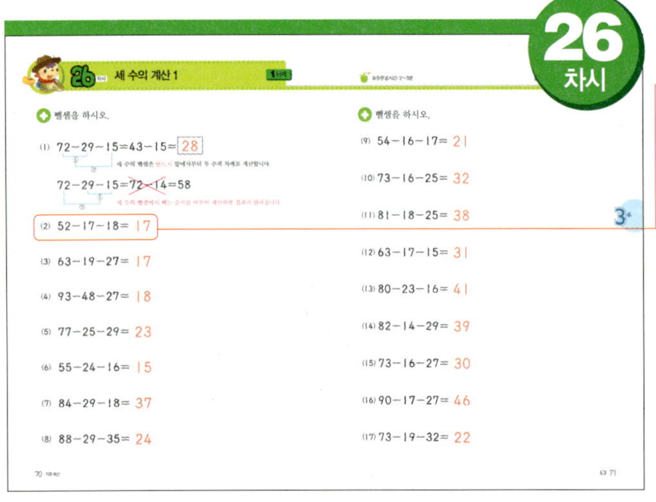

70~71쪽

세 수의 뺄셈은 앞에서부터 두 수씩 차례로 계산합니다.
$$52-17-18$$
$$=35-18$$
$$=17$$

앞에서부터 두 수씩 세로셈으로
나타내어 차례로 계산합니다.

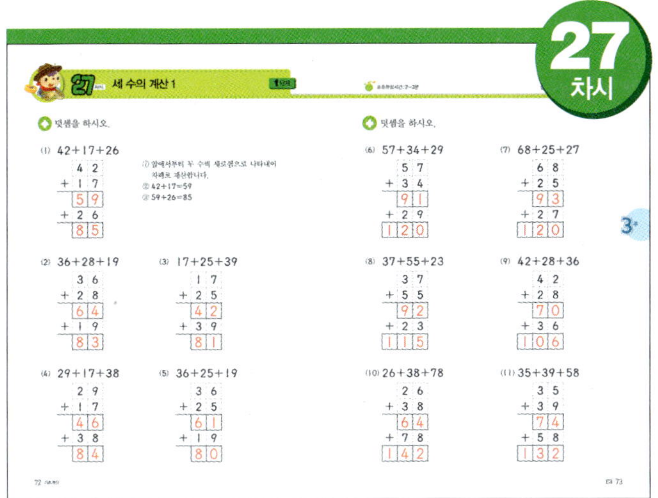

① 앞에서부터 두 수씩 세로셈으
로 나타내어 차례로 계산합니
다.
② $22+29=51$
③ $51+34=85$

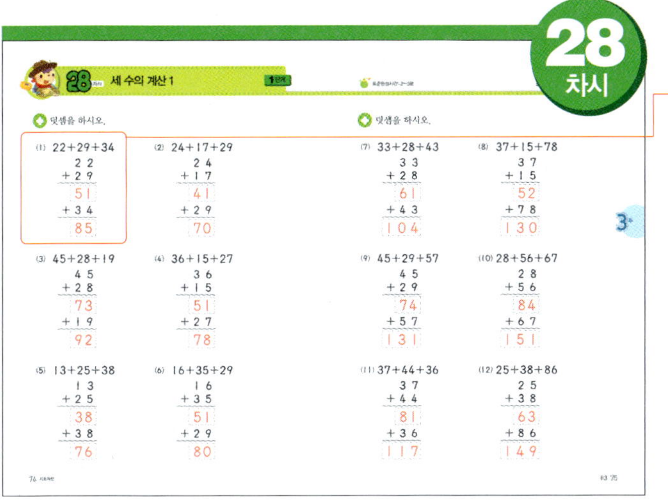

① 앞에서부터 두 수씩 세로셈으
로 나타내어 차례로 계산합니
다.
② $72-26=46$
③ $46-17=29$

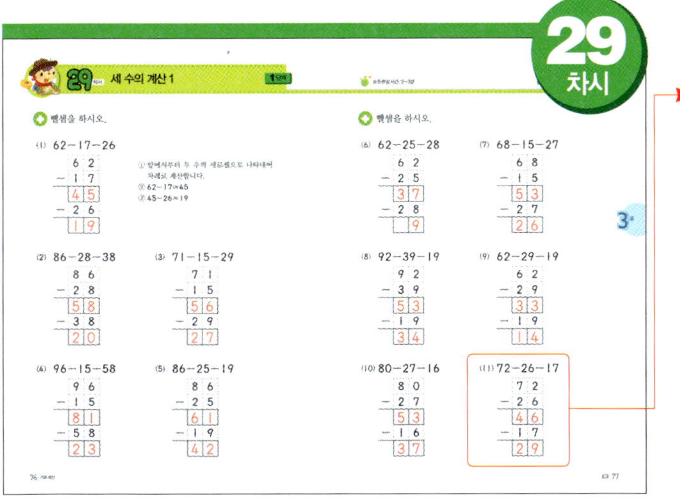

30차시

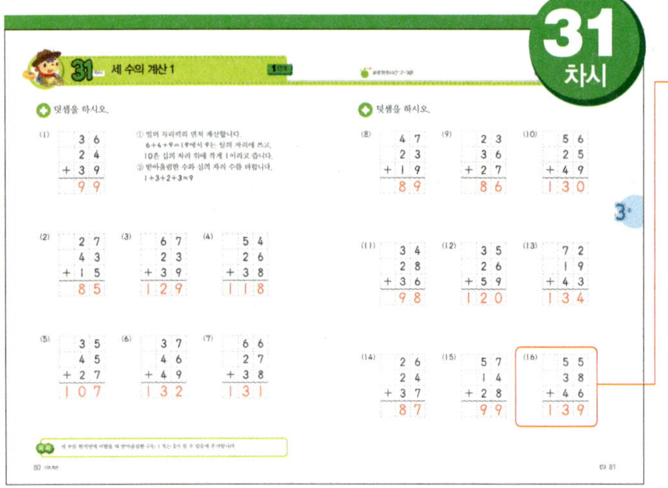

78~79쪽

① 세 수의 뺄셈은 반드시 앞에서부터 두 수씩 차례로 계산합니다.
② 73-28=45
③ 45-33=12

31차시

80~81쪽

세 수를 한꺼번에 더했을 때 받아올림한 수는 1 또는 2가 될 수 있음에 주의합니다.

$$
\begin{array}{r}
1 \\
5\,5 \\
3\,8 \\
+\ 4\,6 \\
\hline
1\,3\,9
\end{array}
$$

32차시

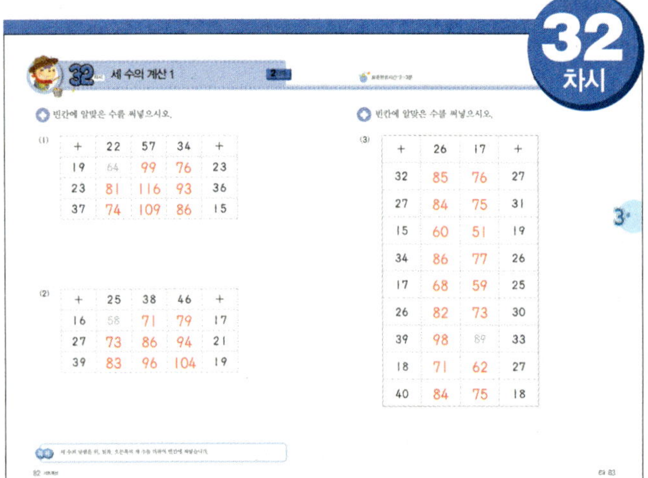

82~83쪽

세 수의 덧셈은 위, 왼쪽, 오른쪽의 세 수를 더하여 빈칸에 써넣습니다.

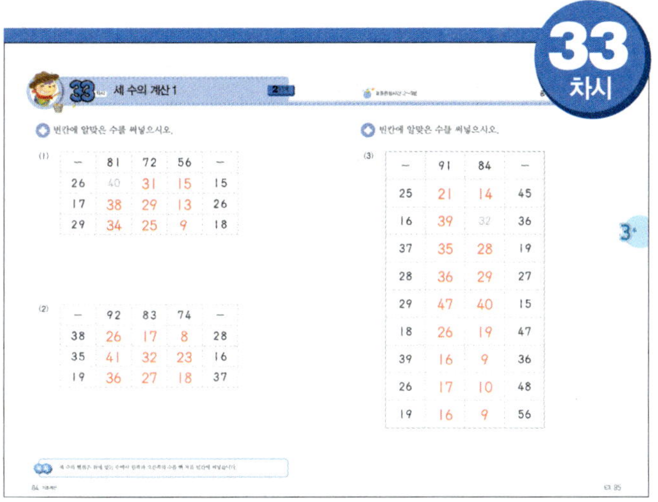

세 수의 뺄셈은 위에 있는 수에서 왼쪽과 오른쪽의 수를 뺀 차를 빈칸에 써넣습니다.

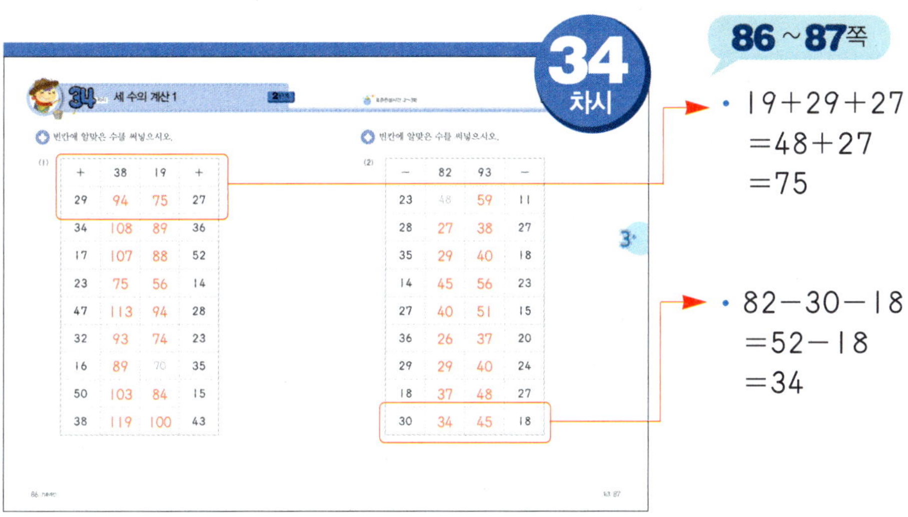

- $19+29+27$
  $=48+27$
  $=75$

- $82-30-18$
  $=52-18$
  $=34$

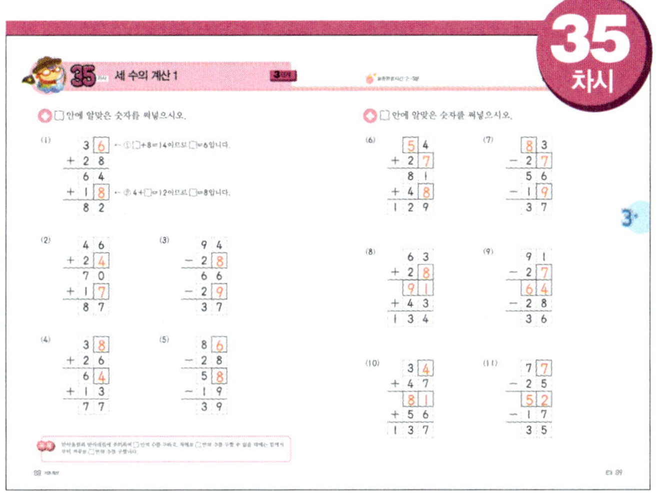

받아올림과 받아내림에 주의하여 □ 안의 수를 구하고, 차례로 □ 안의 수를 구할 수 없을 때에는 밑에서부터 거꾸로 □ 안의 수를 구합니다.

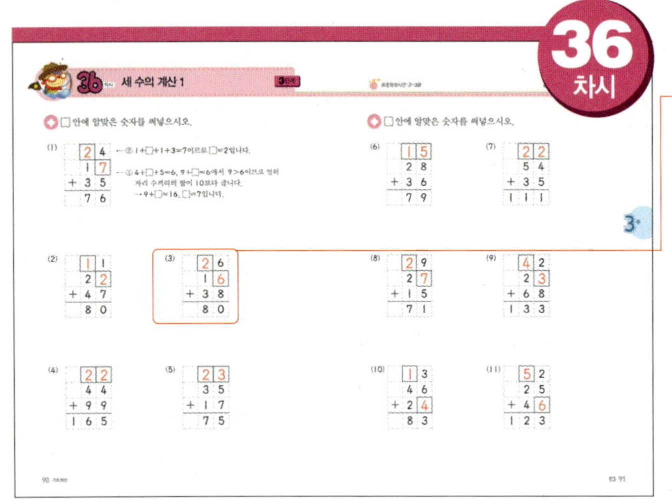

90~91쪽

① 일의 자리 계산
$6+\square+8=14+\square$이고,
$14+\square=★0$이므로
$★=2, \square=6$입니다.
② 십의 자리 계산
$\square+1+3+2=8,$
$6+\square=8, \square=2$

체크 포인트

① 받아올림과 받아내림에 대한 이해를 바탕으로 계산을 능숙히 할 수 있는지 살펴봅니다.

② 채점 결과를 그래프로 정리하여 취약한 부분을 알아보고 보완하도록 합니다.

③ 많은 문제를 푸는 것도 중요하지만 무엇보다 다양한 유형, 다양한 계산 방법을 접하게 하는 것이 더 좋습니다.

④ 지나친 학습량은 오히려 학습의 역효과를 나타낼 수 있습니다. 주의합니다.

⑤ 단순한 계산력 향상보다 개념 원리의 이해에 중점을 두고 학습하도록 합니다.

4주   세 수의 계산 2

지도 방법

① 받아올림, 받아내림이 있는 세 수의 혼합 계산의 학습을 하기 전에 받아올림과 받아내림이 있는 세 수의 덧셈과 세 수의 뺄셈의 학습이 충분히 되어 있는지 확인해 주세요.

② 세 수의 혼합 계산은 계산 순서에 따라 값이 달라지므로 반드시 앞에서부터 두 수씩 차례로 계산하도록 지도합니다.

③ 세 수의 계산을 어려워 하는 것은 두 수의 계산이 확실히 정립되지 않았기 때문이므로 앞 단원에 있는 두 수의 계산을 확실히 해결할 수 있도록 합니다.

37 차시

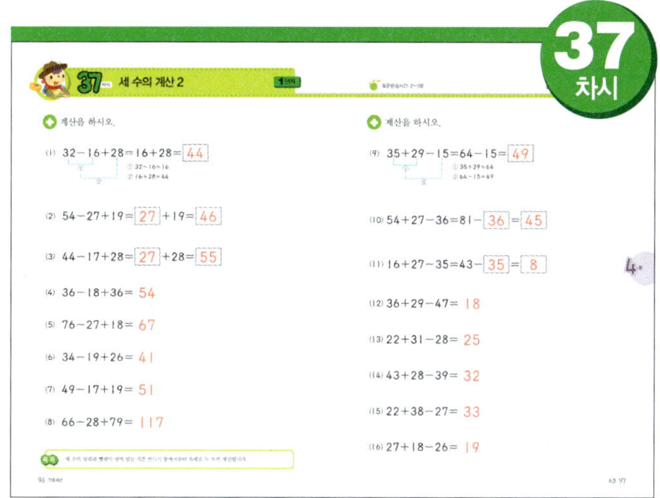

96~97쪽

세 수의 덧셈과 뺄셈이 섞여 있는 식은 반드시 앞에서부터 차례로 두 수씩 계산합니다.

38 차시

98~99쪽

앞에서부터 두 수씩 차례로 계산합니다.

$$32-25+37$$
$$=7+37$$
$$=44$$

정답 및 지도서 E3

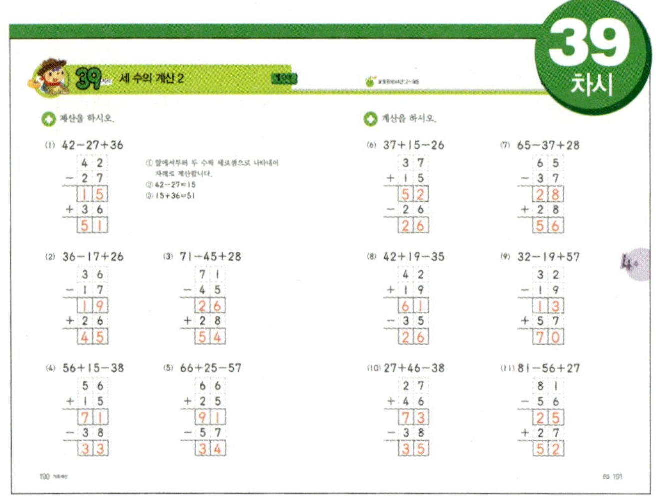

세 수의 혼합 계산은 앞에서부터 두 수씩 세로셈으로 나타내어 차례로 계산합니다.

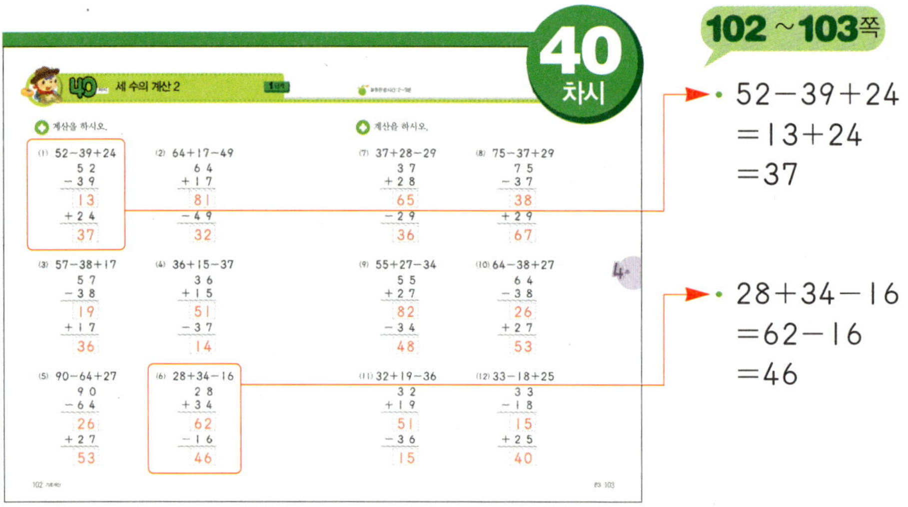

$52-39+24$
$=13+24$
$=37$

$28+34-16$
$=62-16$
$=46$

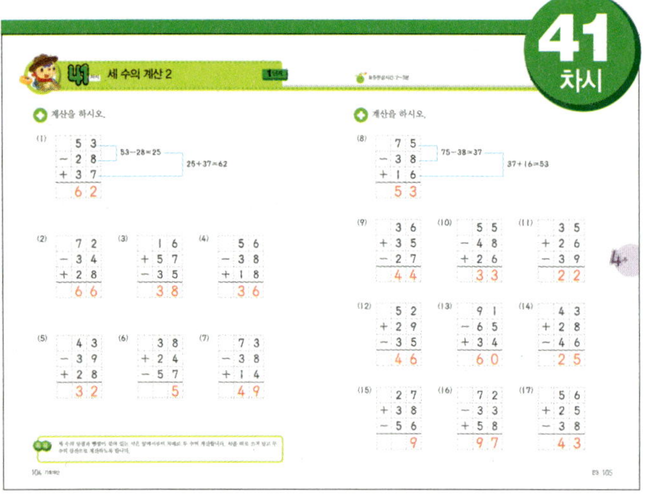

세 수의 덧셈과 뺄셈이 섞여 있는 식은 앞에서부터 차례로 두 수씩 계산합니다. 식을 따로 쓰지 말고 두 수씩 암산으로 계산하도록 합니다.

세 수의 덧셈과 뺄셈의 혼합 계산입니다. 숫자 앞의 부호를 잘 보고 계산하도록 지도합니다.

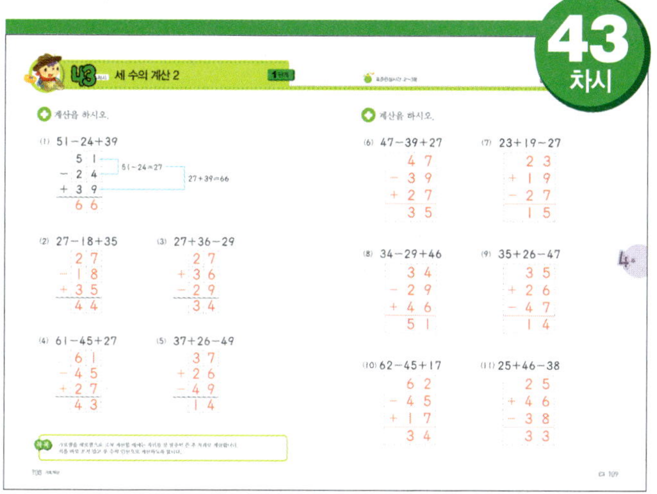

가로셈을 세로셈으로 고쳐 계산할 때에는 자리를 잘 맞추어 쓴 후 차례로 계산합니다. 식을 따로 쓰지 말고 두 수씩 암산으로 계산하도록 합니다.

위에 있는 수에서 왼쪽에 있는 수를 뺀 다음, 오른쪽에 있는 수를 더합니다. 처음에는 식을 써서 계산하나 점차 식을 쓰지 않도록 합니다.

45차시

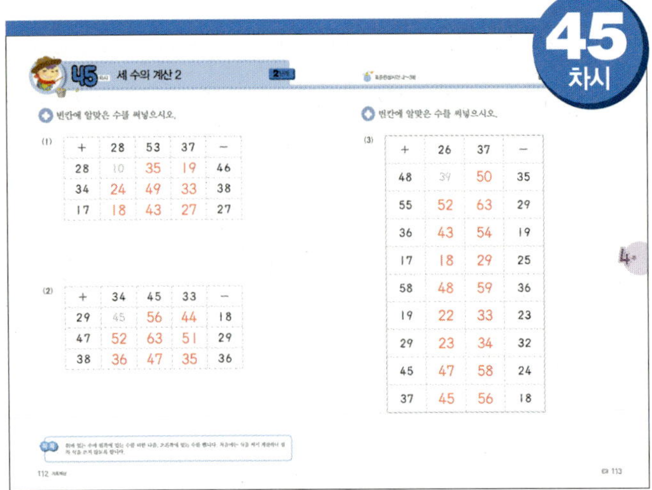

112~113쪽

위에 있는 수에 오른쪽에 있는 수를 더한 다음, 왼쪽에 있는 수를 뺍니다. 처음에는 식을 써서 계산하나 점차 식을 쓰지 않도록 합니다.

46차시

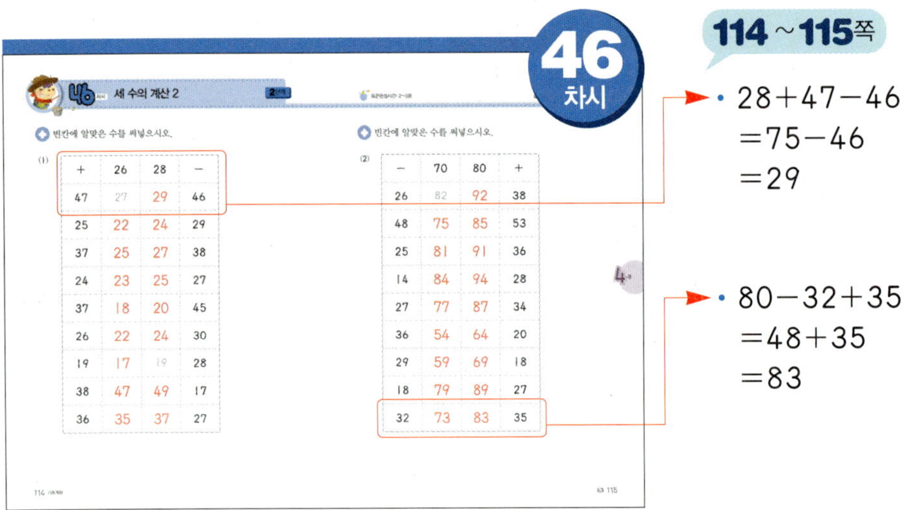

114~115쪽

- $28+47-46$
  $=75-46$
  $=29$

- $80-32+35$
  $=48+35$
  $=83$

47차시

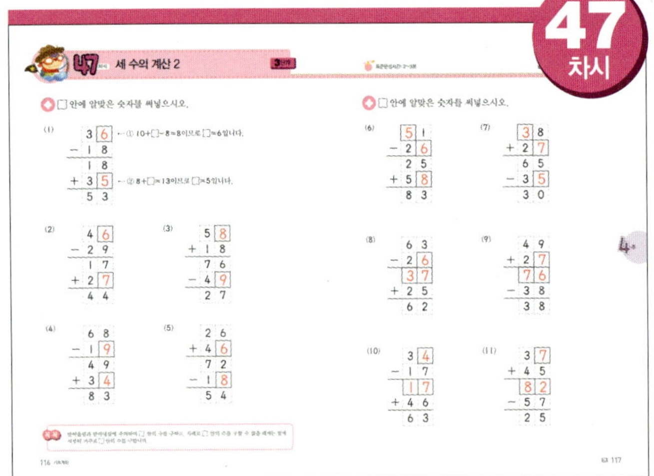

116~117쪽

받아올림과 받아내림에 주의하여 □ 안의 수를 구하고, 차례로 □ 안의 수를 구할 수 없을 때에는 밑에서부터 거꾸로 □ 안의 수를 구합니다.

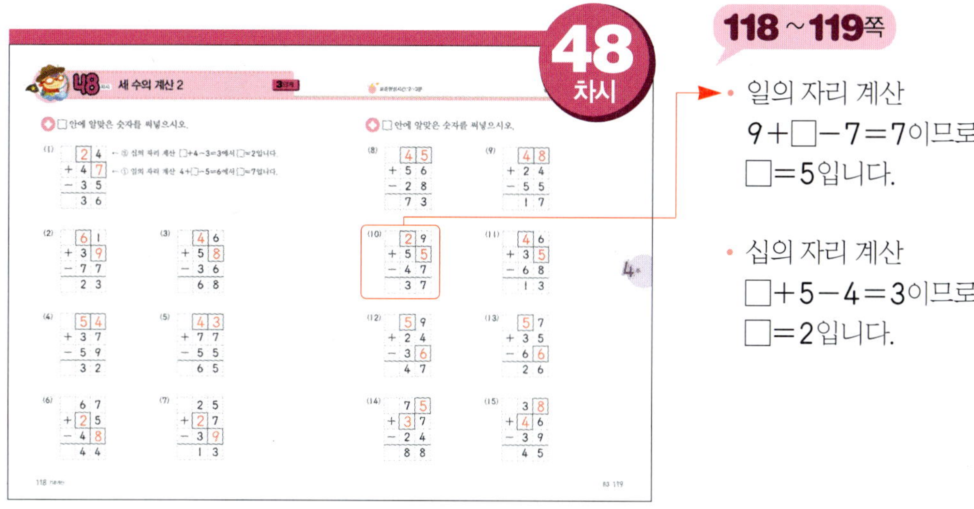

118~119쪽

- 일의 자리 계산
$9+\square-7=7$이므로
$\square=5$입니다.

- 십의 자리 계산
$\square+5-4=3$이므로
$\square=2$입니다.

체크 포인트

① 세 수의 덧셈, 세 수의 뺄셈, 세 수의 덧셈과 뺄셈에 대한 학습이 끝나면, 배운 내용을 설명하게 하여 다시 정리합니다.

② 문제를 모두 풀어 채점한 후에는 학습 체크표로 학습 성취도를 체크하여 학습이 잘 이루어진 부분과 부족한 부분을 파악하도록 합니다.

③ 세 수의 계산에 자신감이 생기면 다음 단계로 이동합니다.

120 ~ 122쪽

- 일의 자리 숫자끼리 뺄 수 없을 때에는 십의 자리에서 1을 받아내림하여 10으로 계산합니다.
- 가로셈은 따로 세로셈으로 고쳐 계산하지 않도록 합니다.
- 세 수의 덧셈은 앞에서부터 두 수씩 차례로 더하거나 순서를 바꾸어 더하거나 세 수를 한꺼번에 더하여도 되지만 세 수의 뺄셈과 세 수의 혼합 계산은 반드시 앞에서부터 두 수씩 차례로 계산합니다.

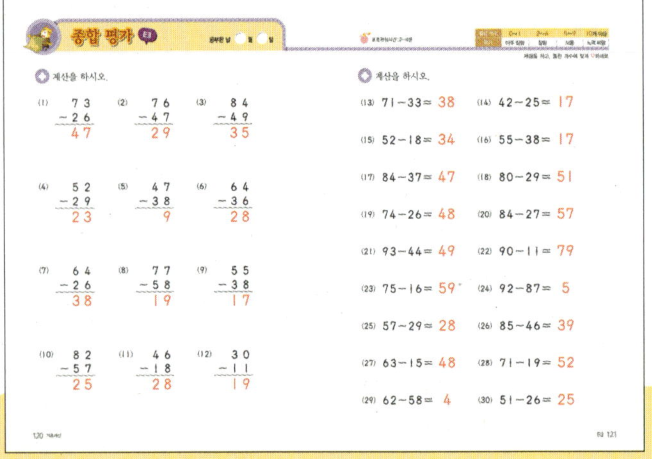

종합 평가 E3

계산을 하시오.

(1) 73 − 26 = 47	(2) 76 − 47 = 29	(3) 84 − 49 = 35
(4) 52 − 29 = 23	(5) 47 − 38 = 9	(6) 64 − 36 = 28
(7) 64 − 26 = 38	(8) 77 − 58 = 19	(9) 55 − 38 = 17
(10) 82 − 57 = 25	(11) 46 − 18 = 28	(12) 30 − 11 = 19

계산을 하시오.

(13) 71 − 33 = 38	(14) 42 − 25 = 17
(15) 52 − 18 = 34	(16) 55 − 38 = 17
(17) 84 − 37 = 47	(18) 80 − 29 = 51
(19) 74 − 26 = 48	(20) 84 − 27 = 57
(21) 93 − 44 = 49	(22) 90 − 11 = 79
(23) 75 − 16 = 59	(24) 92 − 87 = 5
(25) 57 − 29 = 28	(26) 85 − 46 = 39
(27) 63 − 15 = 48	(28) 71 − 19 = 52
(29) 62 − 58 = 4	(30) 51 − 26 = 25

120 기초계산 E3 121

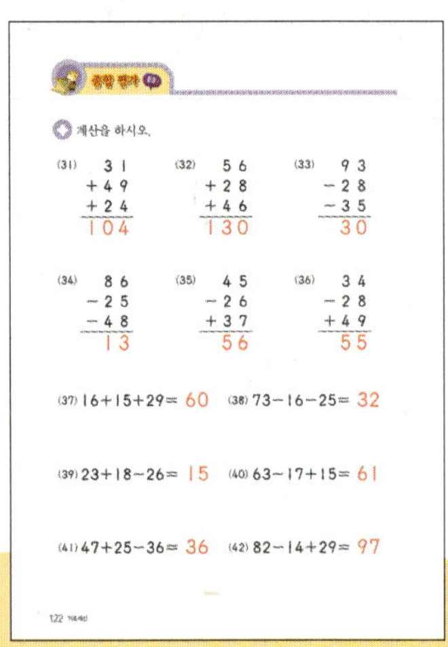

종합 평가 E3

계산을 하시오.

| (31) 31 + 49 + 24 = 104 | (32) 56 + 28 + 46 = 130 | (33) 93 − 28 − 35 = 30 |
| (34) 86 − 25 − 48 = 13 | (35) 45 − 26 + 37 = 56 | (36) 34 − 28 + 49 = 55 |

(37) 16 + 15 + 29 = 60　(38) 73 − 16 − 25 = 32

(39) 23 + 18 − 26 = 15　(40) 63 − 17 + 15 = 61

(41) 47 + 25 − 36 = 36　(42) 82 − 14 + 29 = 97

122 기초계산